口才變現

讓每一次開口都是賺錢的機會！

COMMUNICATIVE EARNINGS

秦梽尊 著

好口才，讓變現跟說話一樣簡單！

在知識經濟的浪潮中，在經濟全球化的時代裡，人與人之間共事、團隊之間合作、個人事業成功、社會整體和諧，都是對個人綜合素質的集大成性考驗，而個人綜合素質的核心組成之一就是口才能力。

將大時代與個人口才相關聯，好像有些提升口才的作用，但回首歷史就會看到，口才在無形中推動了歷史前進的車輪。戰前的動員、士氣的激發、人心的凝聚……都要藉由口才表現出來。一人之辯，重於九鼎之寶；三寸之舌，強於百萬之師。口才的力量可以「化干戈為玉帛，化腐朽為神奇」。

哪裡有聲音，哪裡就有力量；哪裡有口才，哪裡就有戰鬥的號角；哪裡有口才，哪裡就有勝利的曙光。

口才是人的口語表達、技巧和個人知識、智慧相結合而形成的才華。每個人都希望自己在別人眼裡是既自信、強大，又才華橫溢、從容不迫的。要達到這樣的標準，必須具備頂級口才。例如：

一句話能把人說笑；

一句話也能把人說跳。

一句話能把人說得心花怒放；一句話也能把人說得怒目橫眉。

一句話能贏得一個盼望已久的機會；

一句話也能讓煮熟的鴨子飛走。

一句話能助你打開苦苦尋覓的成功之門；

一句話也能讓你瞬間失去千辛萬苦的積累。

人生的成敗，不僅取決於怎麼做，也取決於怎麼說。口才不僅具有爆發力，還極具創造力和反轉力，能夠化危機為轉機，化絕交為成交，化平凡為卓越。

有句話是，會說話，贏天下！

那麼，如何才算贏呢？或者說，贏的標準如何界定呢？我們用口才的變現能力進行界定。也就是說，不再僅僅評價是否會說話，還要評價能藉由會說話為自己贏得多少價值。口才變現的價值是系統化的，包括直接性的經濟價值、間接性的機會價值和綜合性的未來價值。

因此，很多人也將口才稱為「口財」，好的口才可以讓人獲得巨大的經濟利益，頂尖的口才則可以讓人所獲得的利益呈指數增長。

好口才的最直接體現是高效溝通：有效率的溝通者通常比那些口才較差的對手更具力量和光明前景。

如果在日常工作或生活中你恰巧口才較差，你會感到因口才不佳而給工作和生活帶來的種種不利。你一定會羨慕那些口才好的人。其實，你的確有一千個理由羨慕口才好的人，但你更有一萬個理由可以成為具備高超口才變現能力的人。因為能夠將口才能力變現的人都逐漸擁有了更好的、

更令人嚮往的人生。

找到路，則不怕路長。不善講話不要緊，有口才而不懂如何變現也沒關係，關鍵是要認識到口才的重要性和口才與變現之間的關係，加強學習，百煉成鋼。日日行，千里不在話下；天天讀，萬卷亦非難事；時時練，變現就在當下。

本書的核心目的是教導大家如何將口才的力量運用於自身！你甚至可以透過一些數字化的程度來理解本書的內容，而這些數字正好顯示了口才能力中的弱點。既然已經指出，不妨試試看：口才變現必備的三個條件，直接影響溝通的五項修煉，談判口才的五個階段，行銷口才的六個關鍵點，職場口才的四種場景訓練與三種溝通模式，人脈口才的七個方面，演講口才的十一個場景……上述知識點看似簡單，但若沒有多年的打磨，是難以呈現出如此簡單、清晰、有序的面貌的。

不管你是否羞於當眾講話，還是苦於不懂將口才能力變現，看過這本書後，只要你有決心改變，你的人生就不會輸在不會說話上！

投資口才，裝備未來！就在你拿起這本書的這個時刻，就等於種下了一粒神奇的「口才種子」，必然會在未來收穫一生幸福的豐收果實！

口才改變人生，變現成就夢想！

目錄

上篇
口才變現邏輯思維

第一章
口才要以「變現」為結果導向

　　說話是人類與生俱來的能力，我們每天都要與人溝通，有用的話要說，沒用的話也在說，畢竟說話又不費力氣。但說話需要一個結果，不能為了說而說，而是要儘量說好每一句話，將普通的言語錘煉成金句，讓說話具備變現的能力，這就是我們需要的結果。

變現：口才最終指向的唯一結果

　　智商決定一個人的下限，情商決定一個人的上限。一個人的成功，20% 取決於智商，80% 取決於情商。而情商中最重要的能力是人際關係的處理能力。而一個具有好口才的人，能更好的處理各種人際關係，從而獲得更多的機會，同時避免更多的麻煩。

　　曾經，人們將好口才定義為會說話，也就是同樣一句話，不同的人說，會得到不同的效果。說的人看似輕描淡寫，但聽的人卻如沐春風。雖然好口才不一定能直接幫助人們得到想要的，但卻能讓人們更加接近目標。

如今，對於好口才的定義更具高度，也更加具體，好口才不僅要讓別人舒服，還必須具有直接變現或間接變現的效果。說出口的話，不僅是一句高品質的話，還能給自己帶來切實的經濟收益。關於藉由說話獲得收益，經常進行商務談判或行銷的人應該很熟悉。

　　口才的直接變現就是透過各種說話的方式直接獲得經濟收益，這些說話方式可以是產品資訊的輸出或接收、需求資訊的互通有無、產品價位的商討等，具體方式如下。

　　1. 直播帶貨：就是靠直播主不斷介紹產品和與粉絲交流，促使粉絲購買產品，以獲得收益。

　　2. 電話銷售：透過電話管道與潛在使用者溝通，溝通順暢就有機會獲得訂單，從而獲得收益。

　　3. 線下店鋪銷售：透過與顧客面對面交流，獲得顧客的信任，並透過向顧客推銷商品，獲得收益。

　　4. 大宗商品行銷：透過不斷地與使用者溝通商品資訊和相互需求，並討價還價，實現商品的買入和賣出，以獲得收益。

　　5. 商務談判：雙方或多方正式會晤，將各自所需和對對方的要求羅列出來，透過不斷融合，力爭達成共識實現交易，從而獲得收益。

　　……

　　無論是哪一種，直接變現幾乎都圍繞著交易關係展開，可以藉由一次或多番的反覆溝通，決定是否能夠達成交易關係，即是否能夠實現「溝通變現」。

　　如果將直接變現看作顯性機制，可以直接將口才價值轉化為經濟價

值。那麼，間接變現就是隱性機制，未將口才價值與經濟收益直接掛鉤，需要一個轉化的過程，這個過程或許很短，也或許很長，但當轉化發生時再回過頭來看，就是當初的口才價值得到了切實的回報。

因此，口才的間接變現更像是先設置「預期目標」後得到效益的事先安排（或稱為預埋行為）。比如，某人和另一個人進行了一場高品質的對話，當時並沒有獲得什麼收益，但半年後，他接到了一筆生意，對方正是當初跟他對話的那個人。很顯然，對方對於那次對話的印象非常深，以至於半年後碰到相關的生意時，仍能首先想到他。

口才變現中的「現」，不一定是現金，還有可能是產生現金價值的其他方面，或者是能為產生現金價值提供幫助的其他行為。比如，透過好的口才，獲得了職務上的提升，獲得了高階人物的賞識，獲得了可以發揮更好的能力的機會，獲得了能夠幫助自己愉快工作的好心情，獲得了能夠讓自己進一步成長的良好環境，獲得了幫助他人取得更大收穫的愉悅感等。

在口才的間接變現方面，我們可以向諸葛亮學習。諸葛亮的歷史定位，首先是政治家，然後是軍事家，接下來是發明家，最後是文學家。關於這四個方面，基本都有耳熟能詳的事例傳下來。諸葛亮治蜀功績之卓越、運籌帷幄之高絕、諸葛連弩之威力、出師表奏之真摯，無不體現了他一生的光輝。那諸葛亮究竟是如何達到這樣的歷史高度的呢？更為恰當的問法就是，他是如何讓自己走向蜀國的幕後操控呢？

這一定與「三顧茅廬」有關，當劉備聽到了「臥龍」、「鳳雛」的名頭時，甘願屈尊三請。那麼，諸葛亮又是如何博得「臥龍」的大名的呢？這段從無名到揚名的過程，不僅在於諸葛亮確有才華，也得益於他能夠將

自己的才華巧妙地展現出來，並能夠得到當時很多名人的認可。諸葛亮自比管仲、樂毅，在隆中與很多慕名前來的人討論當時的天下大勢，說出自己若出山將採用何種策略。這些慕名者在認可其才華後，更成為為其播撒名望的「種子」。司馬徽曾當面對劉備說：「諸葛孔明堪比興周八百年之姜子牙，開漢四百年之張子房。」這才引得劉備無論如何也要請諸葛亮出山。

試想，如果諸葛亮只是有才華，卻沒有讓才華被世人認可的表達能力，他斷然不會在三國亂世時還未出山就成為「臥龍」。諸葛亮在出山前對自己的經營包裝，就是其口才變現的集中體現。口才變現的核心是要創造出可以變現的結果，無論是直接的還是間接的。諸葛亮沒有透過未出山之前的口才為自己帶來直接的變現結果，卻帶來了間接的後續結果，他被訪出山輔佐劉備，成就了蜀漢事業。

透過以上闡述可以了解，無論語言多麼流暢，多麼華麗，只有創造出實質的結果，才能稱為有用的口才。這種結果不一定是錢，能幫助自己或他人成長，能使自己或他人愉悅，能幫助自己或他人創造更多財富，都叫口才。如果所講的一切，既不能給自己和他人帶來快樂，也不能給自己和他人帶來收穫和成長，那這只能稱作「耍嘴皮子」。

所以，滔滔不絕、口吐蓮花、字正腔圓都不等於口才，真正的口才是能創造結果、創造收穫，能夠真正達到目的，讓人們從語言中達成共識。

切記：不能變現的任何「口才」都是在瞎說

在現實生活中，總能看到這樣的場景：

一群三姑六婆坐在一起，聊著相互間熟知的、不熟知的話題，時而情緒愉快，時而情緒凝重。但是，此時誰也不能先離開，因為誰先離開，下一個談論的話題極大可能就是他。

很多人也認為，說話誰不會啊，天天都在說。事實的確是這樣的，只要是發聲系統健全的人，每天都在說話，而且每天會在很多種不同的情境下說很多的話。但是，問題來了，每天說這麼多話，有什麼價值嗎？也就是給自己帶來什麼收益了嗎？大多數人好像都沒有藉由講話給自己帶來收益，講話只是講話，未能和收益形成關聯，就像上面的三姑六婆。

一定有人認為，大部分人都不是演說家，口才也沒有那麼厲害，當然不會從講話中獲益，人們講話的目的只是日常所需，比如購物需要交流，找工作需要交流，與人講道理需要交流，上學需要交流，工作需要交流，吃飯時會交流幾句，睡覺前也會交流幾句。

我們不是要否定這種日常交流，但我們的交流不能僅限於日常交流，更不能僅限於日常交流帶來的常規化收益，比如購物時的交流讓我們達成商品交易，找工作時的交流讓我們獲得工作機會，學習時的交流可以得到知識，工作時的交流能夠得到薪水，吃飯時聊聊天能夠讓人身心愉悅，睡

覺前聊聊天能夠緩解疲憊。

如果將上述解讀為語言的力量，只能說明你並未真正認識到語言的力量，更加不了解好口才所具有的能量。

語言的力量，不在於具有講話的能力，而在於如何將語言說好，並從語言中獲得變現的機會，為自己謀得實際利益。

有一次，馬克·吐溫到教堂裡聽牧師做號召募捐的演講。牧師不僅知識淵博，口才也不錯，演講中列舉的案例生動，引人共鳴。馬克·吐溫被深深地吸引了，他決定等到演講結束後就捐款。但牧師講得太過投入，話題越拉越遠，雖然內容涉略豐富，但已經偏離了捐款的主題。聽演講的人也逐漸由最初的饒有興致，變得有些不耐煩，馬克·吐溫改變了主意，決定待會只捐一點零錢。但牧師還在滔滔不絕地講，觀眾聽得越來越焦躁，很多人失去了耐心，離開了。牧師對眾人的反應意會錯了，以為人們嫌他講得少了，於是他更加賣力地講著，力爭用更有渲染性的辭藻和新奇的事件打動大家。終於，牧師的演講結束了，輪到大家捐款了，結果只有很少的人捐了一點錢，馬克·吐溫一分錢也沒有捐，他對這次演講非常不滿意。

可以想像，牧師在整理捐款時一定很傷心，自己用盡心力的演講竟然沒有收到多少效果，下次的演講一定會更加用力，時間更長，辭藻更為華麗，案例更為豐富。但我們都明白，問題不在這些，牧師需要做的是如何精簡演講，讓演講短暫而有力，能夠最快速地打動人心，來收到最好的效果。

陳魯豫在《我是演說家》上作了一篇演講，叫《表達的力量》，演講中她不斷重複一句話：「語言是有意義的，表達是有力量的。」

好口才有多麼重要，相信每個出入社會的人都領略過。語言的力量不在於數量，而在於品質。只有高品質的口才才能有高價值的收穫。

　　同樣的一句話，不同的人，會有不同的效果。熟悉歐洲歷史的人一定聽過這樣一句話：一張嘴勝過三千支槍。拿破崙‧波拿巴是著名的軍事天才，卻如此稱讚口才的重要性，怎能不讓我們產生深思。不僅是過往的時代，在如今越發注重口才的年代，說話的能力早已成為現代人必須掌握的主要技能了。在職位競爭、應聘面試、推銷業務、聚會交談等場合，都需要有好的口才。

　　口才絕不是普通意義上的口若懸河，而是要能產生有價值的結果，最主要的體現形式就是變現。俗話說，「說者無心，聽者有意」，話不能輕易說，更不能隨便說，因為說出的每個字都會被別人解讀，如果於事不利甚至產生負面效果，那麼再漂亮的語言都是無用的。

　　因此，我們必須提升自己說話的藝術，以讓自己的工作、生活更加順利，人際關係更加和諧，未來更加光明。

憑口才賺錢：口才要以「變現」為結果導向

　　這是源自於國外的真實故事。

　　在一個風和日麗的下午，廣場上人來人往，角落裡有一個盲人乞丐，他旁邊豎了一塊牌子，上面寫著：I'm blind please help!（我是盲人，請大

家幫助我！）

人們匆匆走過，很少駐足，給錢的就更少了。一位年輕女士從盲人乞丐身前停下，她沒有給錢，而是掏出筆在那個牌子的背面寫下了一行字，然後把這一面朝著路人又放回去，就離開了。

奇蹟發生了！開始不斷有路人在經過時放慢腳步，紛紛掏出零錢施捨給這位盲人乞丐。盲人乞丐一邊感謝著陌生人的幫助，一邊好奇不知道發生了什麼。他向路人尋求答案，一位踩著滑板的男孩子對他說：「剛剛那位女士在你的紙板背面寫了一行字，是 it＇s a beautiful day and ican＇t see it!（這是美好的一天，但是我卻看不見它）。」

盲人乞丐明白了，原來是這句話引起了人們對他的同情。是啊，多麼美好的一天，有人看得見，有人卻看不見。短短的一句話，沒有什麼修飾，甚至是無聲的，卻對旁人產生了影響。這是一次「無聲的溝通」，也是一次完美變現，甚至帶著些浪漫的味道。

改變你的話語，改變你的世界。語言是行為學的一門藝術，有時能幫助我們化解尷尬，有時能幫助我們解決一些問題，有時能幫助我們賺錢。

生意場上有一句俗話，「生意三分靠做，七分靠說」。想要做好生意，離不開好的口才，不管是推銷產品還是商務談判或者其他溝通場合，能說到點子上的生意人更容易賺到錢。所以人們說想要富口袋，先要富腦袋，尤其是在處處講溝通的時代，口才是最強資本之一。

一個人的說話能力，常常被當作考察這個人綜合能力的重要指標，一個人發展成功與否也往往與其說話能力密切相關。所以，具有卓越口才變現能力的人越來越顯示出一種獨特的優勢，可以在生活的各個領域因口才

智慧的有效發揮而充分施展自己的才幹，並給自己的事業注入最大限度的成功因素。在現代生活中，人們越來越重視口才方面的知識和修養。

遊刃有餘，口才就是生存之本。

職場生存憑什麼？一定是綜合能力，而綜合能力其中最關鍵的一項就是口才的變現能力。以「變現」為結果的口才是現在職場人士的必備能力，它影響著你的升遷、加薪，決定著你事業的成敗。職場人士的口才變現能力都直接體現在自身收益上，可能因為一句話而得到機會，也可能因為言語不當而丟了飯碗。所以，不要低估了職場上的任何一句話，它是你的安身立業之本。

一個具備良好口才變現能力的職場人士，可以獲得主管注目，讓同事欣賞，讓下屬敬佩，讓客戶忠誠。因此，好口才能夠極大地提升一個人的職業形象，平衡一個人的職場人際關係，提升一個人的職場前景，讓你在職場舞臺上順利地大顯身手，促進職涯的發展。

有的放矢，口才詮釋生意經。

生意場上形容會做生意的人，會用一句看似誇張的話，叫「嘴巴一張，黃金萬兩」。其實真的是誇張嗎？無論是街頭小販，還是店員、銷售人員，抑或是經營者、企業家，做生意的核心都是要對顧客／客戶說話。從簡單的一句「歡迎到來」，到詢問顧客需要，顧客感受到的是彬彬有禮和來自外人的悉心關懷；從拜訪客戶到成交的臨門一腳，客戶體驗到的是專業素質和誠意；從談判桌上的嚴肅到合約簽訂後的認真履行，客戶看到的是信賴和真誠。而這一切的核心，都體現在口才的功力上。

在秘魯西部的一個小鎮上，當地人有喝可可放雞蛋的習慣，但路過的

外地人並不知道他們有這個習慣。當地有兩家飯店，因為向用戶推銷可可的方法有一點不同，結果造成了巨大的銷量差別。根據下面的描述，猜猜看哪家的可哥生意更好？

A 飯店經營者在顧客來時，會問「在可可裡放一個雞蛋還是兩個雞蛋」，顧客一般都會選擇「放一個」或者「放兩個」，很少有人會直接說「一個也不放」，還有一些好奇心重的顧客會要求放更多的雞蛋，以體驗不同的味道。

B 飯店經營者在顧客來時，則問「放不放雞蛋」，顧客的回答多是「不放」，該經營者幾乎每次都要向顧客解釋放入雞蛋的美味，但堅持「不放」的顧客依然占多數。

答案已經相當明顯了，兩位經營者不同的說話方式，導致了完全不同的經營狀況。A 飯店與顧客交流的變現效果極佳，B 飯店與顧客交流的變現效果很差。其實，類似事情在日常生活中經常出現，試著用發現的眼睛將它們找出來。

成功是一件困難的事情，但有時候成功和失敗只是一步之遙，「恰當的語言」就是轉換失敗為成功的橋樑。如果掌握了這門藝術，不僅可以在人際關係中如魚得水，還能產生難以估計的經濟效益！

某公司在舉辦產品發表會上，有一名年輕的行銷人員用非常專業的術語向消費者介紹公司產品的原材料、配方、性能和使用方法，給人們留下了精通業務的印象。他在回答消費者提出的各種問題時，不僅反應快，而且語言組織非常到位。」

甲消費者問：「你們公司的產品真的像廣告上說得那麼好嗎？

他回答：「嘗試後感覺會比廣告上說的還好，我們的廣告宣傳是有所保留的。」

乙消費者問：「如果買了之後感覺不像你們宣傳中說的那麼好怎麼辦？」

他回答：「效果不好，卻宣傳得好，就是違法行為，那我們應該被法辦。」

消費者聽後，一陣大笑。接下來的問答更為輕鬆，本次發表會取得了成功，不僅產品銷量超過以往，還大大地提升了品牌知名度。

當然，口才不是要將一個普通商品誇得完美無瑕，那樣是騙人；而是要讓商品能以更加飽滿的狀態呈現給消費者，讓消費者在自我需求的驅使下主動消費。

擲地有聲，口才就是領導力。

如今，口才卓越的領導者越來越顯示出一種獨特的優勢，也越來越受到人們的尊敬和喜歡。一個優秀的領導者一定有一種獨特的語言魅力和說話藝術，可能說話中肯有力、言之有物；可能說話言辭犀利、氣勢威嚴；可能說話親和幽默，感染性強；話裡有話、深不可測……無論是哪一種說話風格，都能達到凝聚向心力的效果，為集體創造物質財富和精神財富。

不難想像，一個口才能力不夠強的主管是無法在工作和管理中支撐局面、樹立權威、威懾眾人的。主管的口才變現能力或許會體現在當下，或許會隨著時間的沉澱逐漸發揮作用，但無論時間長短，一流的口才變現能力能讓公司主管成為巨大財富的實踐者和創造者。

由此可見，良好的口才變現能力是通往財富大門的金鑰匙。職場人士擁有它，可以提升職業前景；生意人擁有它，可以實現發財致富的夢想；企業家擁有它，可以為雄厚的資本再添一份力；領導者擁有它，可以樹立權威，做榜樣，塑造人格魅力，成為人生贏家。

口才變現必備的三個條件：自信、行動力、導師指引

　　網上看到某人的一段經歷，原文如下：

　　「我在 GE（通用電氣）工作的時候，某一年一個專案小組要去參加中國區的一個『年度項目』評選活動。入圍的項目都有可圈可點的地方，所以現場的呈現變成了『兵家必爭之地』。專案經理找到我，請我幫他們再「精修」一下 PPT 檔，希望它的呈現既有 Power（力量），也有 Point（要點）。同時，也幫他們梳理一下專案介紹的步驟和話術，希望有邏輯，有重點，能打動人。

　　我幾乎給他們的 PPT 做了一個大變動，從結構佈局，到內容精簡，到顏色方案，到字型大小搭配，再到標準統一。同時，建議他們在介紹專案的時候採取「總結─分析─再總結」的結構，並將故事植入「STAR 工具」當中，即 Situation（背景形勢）、Task（任務描述）、Action（採取的行動）、Result（達成的結果），以便打動評委。

　　結果，我輔導的這個項目最終勝出，成為『年度專案』，拿到了 10

萬元人民幣的獎勵。你看，溝通變現就這樣華麗地實現了。」

　　閱讀上面的文字，你有怎樣的感觸呢？該作者在最後強調的是「溝通變現」，但全文的重點都在說如何「精修」一篇 PPT 檔，那麼又是怎樣體現出溝通的呢？其實，PPT 是溝通過程中的一種輔助工具，將所闡述的內容系統化地呈現出來，PPT 上的內容只是闡述的概要，具體仍需要由人詳細講述。

　　該作者在修改 PPT 時，需要著重體現「力量」和「要點」，這兩點在口才中也非常重要，可以透過「力量」體現講話者的自信，再透過「要點」落實自信的基礎；並且用更有行動力的「總結—分析—總結」結構植入故事，讓這個項目極具執行效果。整個 PPT 的修改過程猶如一場專業的導師指引，讓該項目拿到了獎勵。這不就是將口才變現的完整過程嗎？如果沒有這次「精修」打磨，原 PPT 檔就是中規中矩而已，與其他入圍項目比較起來難有亮點，拿著沒有亮點的 PPT 進行演講，也肯定難有好的表現，畢竟 PPT 中提煉的核心都不夠高級，以此為基礎的陳述又怎會高級呢？

　　藉由對上述案例的深入分析可知，好的口才表達能力離不開三個必要條件的支撐，即自信、行動力和導師指引。

　　1. 自信是口才變現的基礎

　　不懂得樹立自信心，只片面地強調口才，無異於捨本逐末。口才固然重要，但好的口才背後一定還有強大的自信做支撐。

　　缺乏自信，會導致說話時有畏懼和自卑情緒，心虛膽怯，情緒緊張，影響語言的流暢性，對交流造成障礙。如果擁有自信，會對自己說出的話有把握，可以自如地控制語速、語調和用詞，不僅言語有力有度，感染力

也很強。

　　建立自信的方法有以下幾種。

　　(1) 說話時要抬頭。低頭、垂目，會自帶卑微感；而說話需要給人朝氣蓬勃的感覺，要昂首、挺胸、談吐自若。

　　(2) 說話時姿態要穩。如果說話時坐立不安、來回搖晃，會讓人心緒不穩，導致情緒緊張。站如松，坐如鐘，說話就會自帶穩重感。

　　(3) 說話時要正視對方。不正視對方通常意味著自卑，認為自己不如別人或者自己的觀點站不住腳。正視對方等於告訴對方：我心態很穩，毫不軟弱，我對自己闡述的觀點非常自信。讓自己的眼睛給別人一種震懾力，不僅能增強自己的信心，也有助於獲得別人的信任。

　　(4) 說話時可以適時笑一笑。笑能增加親和力和推動力，當遭遇尷尬情景時不妨笑一笑，當面對別人的質疑時不妨先笑笑再回答，一顰一笑間可以抖落壓力，讓自己更加從容。

　　(5) 說話時儘量在人多的場合。很多人不敢在大庭廣眾之下發言，是源於恐懼感，怕自己說不好，怕別人不認可，怕被嘲笑。其實，任何人講出的話都不可能被所有人認可，一定會遭遇反對意見，因此不要因為這一點而阻礙自己鍛鍊口才。克服恐懼感最快、最有效的方法就是多去做自己膽怯的事，逐漸驅逐膽怯，建立自信。在眾人面前慷慨陳詞，即便說錯了也沒有什麼，自己已經表達了內心的想法。

　　2. 行動力是口才變現的主幹

　　口才不會與生俱來，也不會從天而降，就像大樹需要從小樹苗長到高聳入雲，口才也要培養。鍛鍊口才需要的是持之以恆的毅力和行動力。下

面筆者整理了鍛鍊口才的五種方法。

(1) 鍛鍊吐字能力。多念文章，訓練口齒，做到每天定時定量，對於經常出錯的地方可以錄下來，反覆聽，找出不足，著重練習。

(2) 培養邏輯思維能力。邏輯思維是否清晰決定了說話的邏輯性，可以將一段新聞縮減成一個概要，提取內容，然後讀說給別人聽。

(3) 訓練當眾表達的膽量。這一步必須跨出去，才能與害羞說「不」。多與人溝通，尤其是與比自己強的人進行一些有益的辯論，透過實踐鍛鍊自己的勇氣，提高自己的表達能力。

(4) 有恆心堅持長期練習。口才訓練是一項長期性、永久性的事情，既要循序漸進、以量的累積促成質的轉變，也要持之以恆，始終保持進步。

(5) 積累知識儲備量。口才像一輛汽車，表達能力是發動機，知識積累、業務能力、敬業精神是汽油。沒有汽油，再好的發動機也沒用。腹有詩書氣自華，隨著人內在綜合實力的提高，外在氣質也會出現相匹配的分數上升，提升整體戰鬥力。

3. 導師指引是口才變現的營養物質

在一個自己不擅長的領域，如何能快速建立自信，並讓自己快速成長呢？有相關領域的導師進行指導，是最好的方法。因此在口才變現的能力上，專業導師所給予的專業性的指導同樣重要。專業導師能給口才的提升帶來哪些影響呢？可以歸納為六個「打開」。

(1) 打開聲音。說話時要放開聲音，抑揚頓挫、鏗鏘有力，如此講出來的話才具有感染力。口才能力欠佳的人往往打不開自己的聲音，嗓子

總像被什麼堵住了一樣不受自己的控制，導師會從呼吸節奏、心跳鍛鍊、發音方式、嘴型鍛鍊等方面進行針對性的指導。

(2) 打開手勢。將手勢和打開關聯在一起，好像不太通順，但如果說「打開肢體動作」，是不是更好理解了呢？很多人說話時，肢體非常拘謹，渾身上下一動不動，給人一種僵硬感。好的談話方式一定不是這樣的，肢體語言需要對講話內容給予一定的配合，以豐富講話時的互動氛圍。導師會根據每個人的不同情況進行肢體語言的引導，主要是手勢動作，會根據人的性別、性格、年齡、職業等特徵進行設計。

(3) 打開表情。與人交談時，表情是非常重要的附加表達方式，人不可能面無表情地交流，也不可能以始終如一的表情與人交流。如同演員都會進行表情訓練一樣，導師也會指導我們進行表情訓練，只是相對於演員，交流中的表情更應真誠。也就是說，交流中的表情雖然也需經過練習，但核心是真誠，這是與人交流的重要之處。

(4) 打開目光。很多人在交流時，總是目光散亂，沒有用肯定的目光體察別人，而是四下亂看，完全不懂得眼神交流有時會比語言更具有說服力。導師會指導我們如何練就堅定且真摯的目光，並藉由目光去感染他人。

(5) 打開思路。口才高手都知道一個道理：一切話語都是有思路準備的。只有思路明確、中心突出，主題才能清晰，整體語言的組織才更具感染力和說服力。要如何進行思路準備呢？關於這方面，導師的指導中一定離不開四點：①談話之前的準備；②談話核心的確定；③談話之中的反應；④談話之後的複盤。

(6) 打開心門。與人交流必須打開自己的心，心打開了，才願意去溝通交流，願意溝通才會講得更清楚、更完整。導師會告訴我們打開心門的重要性，也會讓我們切身體會打開式交流與封閉式交流的不同之處，以更快地適應打開式的交流。

直接影響溝通變現的五項修練：形象、眼神、肢體語言、飾物、位置

很多人在修練口才時，認為只需要將嘴皮子練好了，溝通就會變得順暢，藉由溝通獲得利益的機會也將大增。但是，現實中存在著口才很好卻不怎麼受人待見的一類人，他們並未透過自己的口才變現能力獲得與之相匹配的利益收益，也就是溝通變現的能力不強。原因出在哪裡呢？先來看看下面一個例子。

A 公司生產部需要一批原材料。

B 公司的銷售員小趙騎著自己黑亮嶄新的速可達踏板摩托車到場，西裝筆挺，皮鞋反光，髮型精緻，雙目炯炯有神，給人的感覺既幹練又有氣場。與 A 公司代表見面時，握手致意，自我介紹，交換名片，從公事包中取出材料，每一頁圖表都經過精心設計，且裝訂齊整。在與 A 公司代表交談時，站有站相，坐有坐相，言談舉止頗為得當，一言一行都顯示出一個專業人士的可靠形象。

C 公司的銷售員小錢乘坐計程車到場，上身穿一件皮夾克，下身穿一

條水洗布褲子，走下計程車的一刻剛吃完最後一口麵包，頭髮有點凌亂，看起來不太像一位專業銷售人員。與 A 公司代表見面時，握手、自我介紹和交換名片一氣呵成。在從公事包中取出資料時，能明顯聽到鑰匙鏈的響聲，資料一共三份，過程中還掉落了一頁。在與 A 公司代表交談時，一直蹺著二郎腿，一副熟人見面分外親切的感覺，但言行舉止並不讓人感到可靠。

那麼，假設 B 公司和 C 公司在企業規模、盈利能力、技術水準等方面相近的情況下，A 公司如果必須從 B 公司和 C 公司中選擇合作對象，會選擇哪一家呢？原因是什麼？

看到這，想必大家都會知道，A 公司一定會選擇和 B 公司合作，因為在其他條件相差無幾的情況下，B 公司的銷售人員更能打動 A 公司的代表。

很多情況下，溝通往往在未開口時就已經開始了，就是來自溝通雙方對對方留下的形象分。

眼睛看到的資訊一定比耳朵聽到的多，因此，只修練說話技巧相當於只練就了一部分功力，會必然性地感覺溝通乏力和低效。

「細節決定成敗」，這句話對於溝通也同樣適用。因為在語言之外，還有五個方面可以直接影響溝通變現。

第 1 項修練 —— 個人形象

個人形象是從頭到腳的一系列形象的總和，包括髮型、五官、眼神、著裝、配色、鞋襪、飾物、隨身物品……所有的一切都在顯示著一個人的身份、品位和對工作、生活的態度。

想了解自己的整體形象如何，可以多照鏡子，看看頭髮是不是清爽，

眼睛是不是有神，牙齒是不是光潔，服裝是不是乾淨⋯⋯這還不夠，還應以人為鑒，請好友為自己的形象發表真實感受，並提出意見。當然並非所有的意見都是正確的，人人都有各自的審美，但一定要學會吸收對自己有價值的意見，並不斷修正自己的形象。

第 2 項修練 —— 情人般的眼神

建議各位重溫朱時茂與陳佩斯演的經典小品《主角與配角》，注意看陳佩斯是如何演得像反派人物，又是如何演不好正派人物的？關鍵都在眼神上。眼神是一個不好精確描述的要素，給人的感覺卻至關重要。

有一個叫原一平的日本人，專門修練眼神，他修練的目標是「情人般的眼神」後來他成了推銷之神。讓眼神銳利得可以殺人，不可不練，不可不備。

現在來輕鬆一點！聽聽蔡琴的《你的眼神》：⋯⋯雖然不言不語，叫人難忘記，那是你的眼神，明亮又美麗，啊，有情天地，我滿心歡喜⋯⋯

第 3 項修練 —— 肢體語言

建議重複收看小品《主角與配角》，仍然看陳佩斯，這次是看肢體動作，可謂一舉一動都代表著感情，他的所有動作都在完美地詮釋著一個反派人物。

動作語言並不比口頭語言所傳達的資訊少。行走時，是昂首挺胸，還是彎腰駝背？坐下時，是半躺半倚，還是上身筆挺？與人打招呼時，是一個指頭對著對方，還是用手掌指向對方？與人交談時，是聚精會神傾聽並

適時發表自己的看法，還是一邊聽人說話一邊搞小動作（如擺弄手機、鑰匙圈之類）……這些都將關係到溝通效果和溝通變現的成敗。

如何在動作上像個專業人士？模仿是一條捷徑，可以向身邊那些受歡迎的人學習，可以從相關專業中學習。

第 4 項修練 —— 身外飾品

回到本節最初的案例上，B 公司的小趙是騎自己的速可達踏板摩托車來的，可能車輛本身的價值不高，但摩托車被擦拭得嶄新，給人的印象會非常好。回想小時候，基本上每個家庭的生活都不富裕，穿的衣服、鞋帽、背的書包、文具等，都沒有新的，但有的孩子的衣服和東西總是很乾淨，有的孩子在這方面就差一些。媽媽常跟我說：「衣服不是新的沒關係，但一定要乾淨。」

如今我們很少穿著很舊的服裝和用很舊的東西了，那麼更要乾淨整潔，要讓本來有一些品味的服裝和飾品發揮其最大化價值。雖然我們不宣導「以外貌取人」，但第一印象是非常重要的，贏得了第一印象分數後對於後續的溝通交流是非常有益的。而且，將自己打扮得得體到位，也是對他人的尊重。所以，你的「代步工具、房間、辦公室、辦公桌、錢包、煙盒、名片夾、資料夾……這些身外之物都與自己的形象息息相關。

第 5 項修練——空間位置

很多人不會注意與他人接觸時的空間位置關係。不同的人對距離有不同的偏好，有些人喜歡坐得近些，有些人喜歡保持距離，不同的場景（如公司、車上、電梯、餐廳、咖啡店等）的位置也有所不同。這些細節之處，

有心人能看得出來，並做出相應的調整，以促進良好的溝通。

忽視空間語言，往往吃了虧還不知道發生了什麼！在培訓時，一位學員講述自己第一天上班的經歷，被分配去採訪一個會議，他竟然坐在了主席臺上，讓台下參會的主管好尷尬。會後到餐廳，他又率先坐在賓客的位置上，很有些「王者」格局。後來他被主管訓了一頓，搞得灰頭土臉，在那家公司勉強工作了半年就離職了。

空間語言是經常被忽視的、影響溝通效果甚至是決定溝通成敗的附加類語言，在這方面表現得好是正常的，好像也不能給自己加分，但表現得不好則一定會給自己減分，並嚴重影響整個溝通效果。

第二章
口才要緊盯主題，精準變現

　　如果只是將表達定義為說話，就沒有什麼具體的要求了。但若是將表達定義為口才，標準就多了。其中的一個核心要求就是要有主題，並且在表達的過程中都能緊扣主題。因為只有抓住主題，才能實現精準表達；也只有表達到位了，想透過表達而達到的目標才能實現；目標實現了，變現也就實現了。

精準，是好口才的第一要素

　　講話的能力是人類與生俱來的，但並不是說只要具備了這種能力，就能做到敢講、能講、會講。許多人肚子裡有一堆話，但是「茶壺煮餃子，倒不出來」；許多人只會講方言，一說國語就破功了，因而交流受阻，發展受限。

　　會說話，有很強的表達能力，能讓自己在錯綜複雜的人際關係中遊刃有餘，在給自己帶來好人緣的同時，也能在邁向成功的道路上少走彎路，少一點荊棘，多一些坦途。

好口才的第一個重要因素是必須精準表達，緊扣主題，因為與人講話必須突出重點，若是講了半天都說不到點上，那還不如不說。

張老太和李老太聊老伴生病了，李老太關心地問張老太的老伴病情怎麼樣了，張老太開始娓娓道來。張老太便從老伴幾十年前就出現一次尿血開始，說到最近上廁所有些疼痛，然後她如何勸說老伴看病，但老伴不聽。後來想讓兒子幫著勸，但因為孫子處於大考階段，不希望兒子分心而作罷。再後來請女婿幫忙勸，但女婿工作很忙碌，女兒又是如何交代女婿的，女婿趕過來路上發生了什麼事情，女婿勸說老伴看病的完整過程，老伴如何從抗爭到最後妥協……李老太中間急得數次打斷張老太，希望她快點說出結論，但一直到李老太離開回家做飯，她也沒能聽到張老太的老伴到底得了什麼病！

如果誰在現實中遇到這樣的人跟自己講事情，恐怕也會被急得半死。人家問的是病情，就不要講那麼多與病情無關的事，只圍繞病情精準闡述即可，這就叫作緊扣主題。如果對方問起是如何發現的或者其他的什麼事，那麼可以針對對方提問的點進行相關講述。無關緊要的廢話，既沒有實際意義，也會讓聽者心急感到茫然不解，抓不住對方講話的中心，時間長了就失去了繼續聽下去的興趣，對於講話者而言，自然就不會收到理想的效果。

那麼，如何做到精準表達呢？

仍以上面張老太和李老太的談話主題為例，我們給張老太的口才能力來一次升級，讓她成為口才達人。

李老太：「最近這些天沒看見你散步了啊？在忙什麼啊？」

張老太：「唉，前些天老伴病了，住了幾天院，忙著伺候嘛！」

李老太：「啊，大哥病啦？生什麼病啊？嚴重嗎？」

張老太：「不嚴重，膀胱裡有些發炎，做了膀胱鏡和活體組織檢查，沒大事。吊了幾天點滴，炎症消了。」

李老太：「怎麼發現的呢？平時有什麼異常症狀嗎？」

張老太：「上廁所感到絲絲拉拉的疼痛，不敢用力。一開始不敢去醫院，女婿來好言相勸，才去的。膀胱鏡挺痛的，取活體組織檢查時都嚇壞了，以為是大問題呢！」

李老太：「這是提早發現了，如果拖時間長了，不就容易變成大病了嗎？」

張老太：「可不是嗎……」

從上面的內容可以看出，兩位老太太進行的是一次簡練的對話，全程無廢話，問得關鍵，答得精準。雖然這只是一次普通的日常談話，好像影響不了什麼人生軌跡，但是，如果這種精準的口才能力能夠養成並形成習慣，那麼在其他各種場合與人交談時，都將會給自己增加很多形象分和價值分。當量變形成質變後，口才的變現效果就會顯現出來，人生的軌跡也會發生改變。

好口才要能夠準確地表情達意

表達精準，一句話勝過十句話；表達精準，一句話可抵萬人心。我們

不僅要會說話，更要把話說得明白，說得準確，如此才能把自己的觀點清晰地傳達給他人，以達到更好的溝通效果。

　　一個有好口才的人會很自然地成為團隊的中心，口才不是口若懸河，不是堆砌辭藻，而是一個人智慧、膽量、學識、素質、儀態等綜合能力的體現。一個有好口才的人，可以準確地表達自己的意圖，清楚地闡述自己的觀點，使別人樂於接受和信服。

　　為什麼一定要強調準確表達呢？因為將事情準確地說出來，是交談的目的，也是好口才的標準。如果你是講話的人，一定要說得到位，說得精確，說得讓他人心甘情願贊同你的觀點。千萬不要像下面這位校長一樣，自認為講得很好，但聽眾並不買帳。

　　「第一世界大戰」期間，英國海外軍事基地的士兵將要啟程參戰了。臨行前，基地指揮官請來校長為全體士兵演講，目的是激發士兵的鬥志。士兵們的文化水準普遍偏低，大家都不知道為什麼要去參加這場戰爭。面對這些上了戰場可能隨時會死亡的年輕士兵，校長的宣傳主題竟然是「維護國際和平」和「塞爾維亞要有獨立自主的權利」。

　　士兵們聽得雲山霧罩，根本搞不懂校長在講什麼，漸漸地騷動起來，他們不耐煩了，有的士兵大聲嚷道：「我不管什麼世界和平，我就想知道，軍餉會不會按時發下來？」也有士兵喊道：「我們去多長時間能回來？我老婆要生孩子了。」還有士兵喊道：「我還不想死，我還沒結婚呢！」越來越多的士兵高喊：「要是被俘了怎麼辦？」「死了的話，能有多少撫恤金？」「殘疾了，國家有什麼補償優待嗎？」……士兵們的喊聲早已蓋過了校長的聲音，他沒辦法再講下去，只得離開了。

這次演講沒能發揮預期的效果，士兵們的士氣不僅沒有得到提升，相反都憋了一肚子氣。這次演講之所以會搞成這樣，就在於校長沒有搞清楚演講的對象是誰，這是一群沒受過太多教育且隨時可能會送命的普通大兵，他們關心的只有「升遷」「獎勵」「懲罰」「被俘」「殘疾」「死亡」等非常現實的問題。很顯然，這位校長對自己演講的對象一無所知，對溝通要達到的效果和目的也毫不了解。所以即便他的演講詞再動聽，但沒有緊扣主題，也沒有準確地講出聽眾所期望的答案，演講自然會以失敗告終。

其實，每一次口才能力的發揮，都帶有很強的目的性，即能否變現、怎樣變現，以及變現的效果。明確談話的目標和對象，組織好語言的前後邏輯，緊抓重點，靈活地運用一些能夠達成目的的方法，如幽默、比喻、沉默等，是保證溝通順利進行的前提。

準確的表達不等於簡單的說話，在大腦中尚未形成完整的邏輯結構時，嘴巴不能急於開始表達。因為，這時的思維推理並不完整，著急說話的結果通常是說錯、說亂、忘了說或卡詞，出現任何一種情況都將嚴重影響溝通效果，甚至會直接中斷溝通。因此，必須讓表達比大腦慢半拍，給大腦留下緩衝的餘地。要先在大腦中過濾一遍想表達的事情，當然並不是要把所有的話都「自說自話」一遍，而是把「主幹」理清楚，感覺基本框架沒有問題，再開口表達。在表達的過程中可以為「主幹」添加「枝節」，做到出口千言而不離中心。

此外，要想擁有高超的口才變現能力，業餘時間必須勤加學習，拓寬自身的詞彙量和知識面，只有多積累，說話才可以隨機應變、引經據典。

好口才要能夠有的放矢

　　很多人在闡述想法時，總是喜歡先闡述一大段觀點，之後再引出結論和中心思想。這是一種很不明智的講話技巧，因為聽眾對聽別人講話的興趣是有一定限度的，他們不願去長時間聽一些繁瑣的、冗長的、與主題關聯度不高甚至沒有關聯度的垃圾資訊。因此，如果不及早點出主題，表達的中心思想就要「跑偏了」。

　　這就是說，無論是與人溝通，還是當眾講話，都必須儘快講出主題，抓住重點。這種主題「跑偏」的情況經常出現，和一些長期以來的錯誤觀念是密不可分的。最常見的錯誤觀念是，認為與人溝通的內容越具體，表達就越清晰；當眾講話的時間越長，越能體現出講話者的口才素養。其實，正確的觀念是，溝通的內容越簡潔，話語的穿透力就越強；講話的主題越鮮明，給聽眾帶來的震撼就越強。

　　倘若溝通和講話不能緊扣主題，完全沒有條理性和邏輯性，就會令人產生厭煩情緒，即便勉強聽下去，也可能早已心不在焉。或者即使後面的講話內容道出了主題，甚至還相當精采，聽眾可能也不會留意。

　　但現實中，一些人就偏偏喜歡把原本一句話就能講清楚的事情繞到雲裡霧裡才肯甘休，還美其名曰「善言辭」。

　　我有一位非常熱心，也很博學，但卻很囉唆的朋友，無論任何一件事

情，如果讓他來表達，都能成為一場「馬拉松」。一次，他想邀請我參加一個朋友聚會，電話一接通他就說起了昨天看的世界盃球賽，說自己喜歡的阿根廷隊踢得有多爛，哪名球員的表現有多差，沙特隊為何破天荒能贏阿根廷，沙特國內還因此放假一天……他饒有興致地說了十幾分鐘，還沒有停下來的意思，我忍不住了，打斷他並詢問是否有要緊的事情，因為我的工作實在有些忙。這時他才想起來打電話的目的，說是幾個朋友週末想聚聚，問我是否有時間。我剛回答了一句「應該是有」，他聽了很高興，就又順帶著講起了某個朋友如何如何，聚會的場地如何如何……我很無奈，只能多次打斷他，詢問聚會的時間，然後趕快掛掉了電話。這個電話花費了四十多分鐘的時間，可是實際上，他只需兩句話就可以把事情說完。

如果你有一位這樣的朋友，是不是也會感到頭疼？怎麼就不能長話短說，非要短話長說呢！如果你也有這樣的缺點，就要儘快改正。我們不能做池塘裡聒噪的青蛙，而要做一唱天下白的雄雞。

口才好的人，說話一定是言簡意賅、直奔主題、絕不囉唆的，更不會沒完沒了地說些不著邊際的話。他們不會無端耗費他人有限的時間和精力，他們說話做事乾淨俐落。由此可知，與人溝通或者當眾講話時，應在盡可能短的時間內點出話題的核心，這樣才更具說服力。

當然，與人溝通和當眾講話的內容，也不是越簡潔越好，簡潔到都無法表達清楚觀點和想法也不好，而是要根據具體的場合和對象，在內容上做到詳略得當，讓對方和聽眾能立刻了解到重要的資訊。

說話用詞準確，提高口才準確性

溝通時用詞準確，既決定了溝通能否順利進行，也決定了溝通的效果。精準表達能將要表達的資訊一點不差地呈現出來，不精準表達通常會導致聽者無法正確理解溝通的主題，輕則造成錯會意圖，重則造成做出錯誤決定。

「我們這個團隊不能再增加人了，但唯獨缺少精英人才。」這是典型的表達不準確，語言學上稱為「表達前後誤差」。這個團隊到底缺不缺人？前半句告訴我們，團隊已經滿員了，後半句又說還缺少人。生活中，像這樣「表達前後誤差」的現象非常常見，如「我們這班別已經連續七年未發生嚴重錯誤，昨天只是第一次」「他們都不渴，就買點柳橙汁吧」「我保證這是最後一次犯這樣的錯誤，若有下次，主動辭職」等。

除了「表達前後誤差」，還有「表達用詞誤差」造成的語意錯誤。比如網路上有兩句非常經典的話，各截取半句分別是「能穿多少穿多少」和「誰都打不過」等。中國的漢語就是這麼神奇，即便一字不差，在不同的條件和環境下所表達出的意思也完全不同，此時，深諳中華語言之妙的國人，只要看完整的句子，便能明白所表達的是哪一種意思。

因此，想要有效地與他人溝通，就必須準確表達。但是，想要做到準確表達並不容易，需要掌握一些方法並不斷訓練。具體方法如下。

1. 不要使用一些模糊或多含義的詞語

在日常交談中，有一些常用詞語在不同的場景下會產生不同的含義，語言學上分別稱為「同語近義」或「同語異義」。

「同語近義」是同一個詞語在兩種語境中意義相近，但又不一樣，例如「夠嗆」。甲說：「乙，你說丙把錢還給丁了嗎？這事是我作的保，我怕到時候有麻煩！」乙說：『夠嗆！』」這裡的「夠嗆」就有兩種相近的意思，一是丙「夠嗆」能還錢給丁，二是丙很可能不還錢，那麼甲就「夠嗆」能避開這場麻煩。兩種意思相近，都表達了丙很可能不會還錢給丁。雖然大概的意思沒有變，但畢竟沒有表達清晰，如果乙這樣回答：「我看丙夠嗆能還錢」，或者「我看丙夠嗆能還錢，但你作保是口頭的，即便是打官司，你也不能成被告，沒證據」，就表達清楚了。

相對於「同語近義」不會扭曲要表達的意思，「同語異義」就會完全扭曲要表達的意思，因為同一個詞語在兩種語境中意義不同，例如「別管他」。「二戰」期間，英國空軍嚴密監視德國空軍的行動。一天，雷達探測出領空出現一架來歷不明的飛機，後經確認是民航客機，但無法排除有德國空軍偽裝成民航客機偵察的嫌疑，而且已經飛入腹地，情況緊急。在向指揮部報告後，得到的指令是「別管他」。飛行中隊指揮官當即決定根據指令 ——「別管他是不是民航客機，都要打下它」，下令打擊。當「戰鬥」獲勝後，飛行中隊才發現真的是架民航客機，機上幾十位乘客全部遇難。指揮部得知消息後非常憤怒，因為他們的命令本意是「既然是民航客機，也不能確定是不是德軍假扮的，暫時先不用管」。誰知道，因為命令的語義模糊，導致下屬領會錯誤，造成嚴重事件。

因此，在日常溝通時，絕對不要使用能產生多種語義的詞語，要根據當時的語境，運用最正確的詞彙，準確表達自己的意思，避免產生不必要的麻煩和誤解。

2. 說話前要進行詞語篩選和邏輯整合

一位經理有 10 名下屬，有 4 名下屬同時提出辭職。經理很吃驚，在下午開會時，經理想用言語調動其餘 6 名下屬的積極性。於是他說：「那些能幹的都走了，接下來我們必須要更加努力才行，我相信大家一定能取得好的業績。」

顯然，這句話不僅無法調動下屬的積極性，還會發揮相反的作用。其實，經理想要表達的絕對不是他言語中的意思，只是情急之下沒有說好，導致詞不達意。由此可知，當我們在進行某些比較重要的講話或者對自己的表達沒有太大信心時，可以在講話之前提前做好準備。

(1) 準備詞彙。找到最適合當下語境的詞彙和最符合自己內心意願的詞彙。比如將「那些能幹的都走了」換成「我們的幾位朋友離開了」，既能表現講話者的心胸豁達，對於已經離開的人沒有半點不滿，依然稱之為「朋友」，更重要的是流露出不捨的感覺，顯得自己有情有義。

(2) 邏輯整合。詞彙的前後順序和語句的前後順序，對表達有很重要的輔助作用。比如即便開始說「我們的幾位朋友離開了」，但接下的話若是原封不動，也不妥當，還是會讓餘下的 6 個人感到不舒服，他們會想：好員工都走了，剩下的都是能力不行的，得更賣力氣才能達到標準！所以必須更改，這句話完整地可以這樣說：「我們的幾位朋友離開了，感謝他們為公司發展付出的辛苦。但我還有你們的支持，很感謝大家對我的信任。

我們是更加緊密的團隊，只要我們團結努力，必定能取得好的業績！而且將來還會有新朋友加入，非常看好我們這個充滿鬥志的團體！」這句話明顯更有邏輯層次，先對離開者表示不捨，再對留下者表示感激，營造出「一家人」的氛圍，最後是對未來新員工的期待。

不要忽視說話時身體語言的準確性

在非語言溝通中，人們還會用身體的姿勢傳達資訊或者強調所說的話。身體的姿勢是人類無聲的語言，承載著大量資訊，是人們書面語言和口頭語言的重要補充。身體語言包括人體所有的部位，如面部表情、身體動作、手部動作等。不同的部位、不同的類型、不同的動作，隱含著不同的資訊。

1. 面部表情

人的表情不是固定不變的，會隨著談話內容的改變而改變，我們要捕捉到這些細微的變化，然後根據這些變化來調整自己講話的內容、形式或語氣等。

當談到某一話題時，對方原本放鬆的表情突然變得凝重或是不自然，說明這個話題對對方比較敏感，需要轉移話題。

如果對方在交談過程中左顧右盼或不時地搔搔頭、皺皺眉，說明對方對所談的內容不感興趣或者沒聽明白，需要調整說話方式或者改變話題。

如果對方笑容滿面，表情輕鬆自然，充滿熱情，說明對方對所談論的

話題感興趣，可以繼續深入討論。

如果對方下巴上揚，嘴角放鬆，露出少許微笑，說明對方對所談論的話題只接受一部分，此時不能操之過急，可以繼續當前的話題，但如果對方長時間後依然是這種表情，就要考慮更換話題了。

但如果對方眼睛往下看，轉過臉去，緊閉雙唇，就表示對方對所談論的話題毫無興趣，甚至對你都沒有興趣，這時必須立即改變談話內容，或者和對方說「再見」。

……

2. 身體動作

身體動作主要指坐姿和站姿。我們以坐姿為例來進行詳細闡述。坐姿是身體語言的重要密碼，每個人的坐姿都不同，可以透露出不同的性格和心理狀態。正確的坐姿可以讓交談的對方感覺到你是一個有修養、高雅穩重的人；而不正確的坐姿會給對方輕浮、無禮的感覺。

(1) 坐著時雙腳著地，並且分得很開。這樣的人性格開朗，待人真誠且富有寬容心，值得他人信賴和信任，能保持良好的人際關係。他們對事物有高度的靈敏性，能做出正確的判斷。

(2) 坐著時雙腿緊緊靠攏。這樣的人性格中充斥著膽怯、懦弱，待人接物有些害羞。他們缺乏自信，對新環境和新生事物的適應能力很差，需要長時間的調節。

(3) 坐著時雙腿不斷相互碰撞。這樣的人心情總是無法平靜，隨時都在思考處事的方法和策略。他們做事的風格優柔寡斷，即便是思考好的事情，也不可能迅速做出決定。

(4) 坐著時雙腿不斷抖動。這樣的人性格天真、單純，處事簡單，不會被煩惱困擾。但是，正是因為思維簡單，導致他們遇事不夠沉著和冷靜，易怒又沒有耐心。

(5) 坐著時雙腿交叉，雙臂張開。這樣的人性格沉著冷靜，隨機應變能力很強，善於處理突發事件。他們胸懷寬廣，善於接納他人的建議，很少在別人面前流露出自己的真實情感。

(6) 坐著時雙腿交叉，雙臂也交叉。這樣的人性格中缺乏冒險精神，喜歡遵循約定俗成的規矩，沒有挑戰權威的勇氣。他們的內心缺乏安全感，總希望能尋找一個非常保險的避難所。

3. 手部動作

手臂所傳遞出來的資訊不比語言少，語言和大腦中樞緊密相連，說話總是經過思考，但手臂動作卻少有思考，基本都是下意識的，尤其在談話緊張或情緒不穩的時候。

(1) 站立時雙臂自然向下，表明對方對你沒有很強的戒備心，但也沒有太多的親近感。此時不要說過於親近的話，也不要奢望從對方那裡挖掘任何秘密，因為你們的關係還沒到位。

(2) 站立時雙臂交叉在身前，表明對方的地位或能力在你之上，你應採取請教的姿態，且態度誠懇。

(3) 雙臂背在身後，通常是年長的人在晚輩面前採用的姿勢。老闆 / 上級想在下屬面前增強氣場，會採用這樣的姿勢，但有時候氣場是提起來了，心卻離得遠了。

(4) 雙臂交叉環抱在胸前，是一種拒絕性的手臂姿勢。如果對方採

用這樣的姿態，表明是拒絕與你溝通。

(5) 端坐時雙臂在身前交叉，是端莊的體現，成熟女性通常喜歡採用這種姿勢。如果是男士採取這種姿勢，則表明他很拘謹，放不開。

(6) 端坐時一隻手臂放在椅背上，另一隻手放在腿上。這樣的姿勢能給談話的對象帶來輕鬆感，有種老朋友相見的感覺，適合在非正式場合採用。

精準最高境界：即興的精準流暢表達

口才變現能力的最高體現是即興演講，是指在特定場景和主題的誘發下，自發或者是應他人要求而立即進行的演講，是一種不憑藉文字材料和未經過任何準備的表情達意的口語交際活動。

即興演講的能力已成為現代人才不可缺少的必備條件。具體來說，即興演講主要有三個特點。

(1) 即興發揮。即興演講往往需要演講者臨場發揮，在「三無」情況下進行，即無講稿準備、無時間思考和推敲措辭、無修改講話的迴旋餘地。即興演講者必須憑藉自身經歷、才能和知識底蘊，從眼前的事、時、物、人中找到觸發點，在短時間內形成思想和觀點然後用口語流暢地表達出來，並且必須一次成功。

(2) 篇幅短小。因為即興演講是臨場性的，事前無準備，所以基本不存在長篇幅的情況。即興演講的場合多是現實中的某個場景，大家需要的

只是演講者表達一下自己的心意、看法或者臨時救場，這也決定了即興演講時間不可能長。

(3) 使用面廣。現實生活中，各類聚會中的歡迎、感謝、就職、哀悼、答謝、慶壽、救場等場合所講的話，都屬於即興演講。

即興演講大多是演講者真實思想的流露，言為心聲在這裡能夠得到真實的體現。因此即興演講者是以簡潔、生動、形象的語言去征服聽眾的。

在一個綜藝節目上，有一位雜技演員表演《踩蛋》節目時，不小心把雞蛋踩壞了一個，觀眾全都看見了，演員無奈，只好又換了一個雞蛋。主持人過來說：「為了確認雞蛋是真的，還得故意踩壞一個，浪費啊！」

其實，誰都明白，雞蛋破了，是演員沒有表演好，但主持人找了一個合適的理由，以幽默的語言輕鬆化解了這場尷尬，也讓觀眾更能理解表演的失誤，畢竟演員也是人。如果不這樣打圓場，而是實話實說，說演員沒有表演好，請大家諒解，雖然觀眾也能諒解，但意思就差了好多。打圓場有時候就是編造合理的理由，讓尷尬消遁於無形。

要想成功打圓場，必須針對實際情況靈活對待，或用幽默的話語轉移話題，製造輕鬆氣氛；或指出各方觀點的合理性，相互給個臺階下；或是善意曲解話題的本身含義，令對方走出尷尬。

1997 年，好萊塢著名女星梅莉史翠普和丈夫舉辦慈善酒會，邀請了很多好萊塢老牌影星和當紅影星，年逾八旬的巨星葛利高利‧派克也應邀參加。要知道派克自從 1991 年息影後，就很少露面了，但對於慈善事業的執著和對梅莉史翠普的欣賞，讓他親自到場。

派克坐下後，梅莉史翠普走過來，派克拉著她的手目不轉睛地盯著看。

　　一旁陪同的看護帶著責備的口氣對派克說：「您總盯著別人看什麼呀？」派克不高興了，說：「我這麼大年紀了，為什麼不能看她？」一句話弄得大家都很尷尬。

　　梅莉史翠普聽後笑著對派克說：「您看吧，我是演員，不怕人看。」此話一出，把在場的人都逗笑了，場面氣氛也緩和了下來。

　　看護的話明顯傷到了派克的自尊，梅莉史翠普知道派克對自己的欣賞，她以「自己是演員」為理由，證明派克看自己是正當而合理的，幫助派克化解了尷尬。

　　有些人之所以在交際活動中會陷入窘境，常常是因為他們在特定的場合做出了不合時宜的事情。在這種情形下，最行之有效的打圓場的方法，莫過於換一個角度或找一個藉口，以合情合理的解釋證明對方有悖常理的舉動在此情此景中是無可厚非的。這樣一來，對方的尷尬就解除了，人際溝通也能繼續下去。

　　由此而言，語言是有意義的，表達是有力量的。善於表達自己的人能更好地聚攏身邊的人，讓自己在人際關係中如魚得水。善於表達的人可以輕鬆調解氛圍，解除尷尬，讓其更有魅力，縱橫社交全場。

第三章
談判，憑口才贏得更多你想要的

　　唇槍舌劍口水戰，談判桌上把錢賺。沒有比談判桌上更能發揮口才的作用了。一場精采的論辯博弈，不僅能夠讓雙方的利益達成共識，還讓彼此都有錢可賺、有利可得。

　　成功的談判家，可以用激情澎湃的演說出奇制勝，也可以用娓娓道來的方式深入人心；可以據理力爭，爭取最大的利益，也可以適當讓步不戰自勝。

　　談判如同語言智慧的擂台賽，掌握了談判的口才技能，就擁有了駕馭別人的能力。可以說，每一位談判高手，都是一個出色的演說家。

談判搞不定，什麼都沒有用

　　談判並不是現代才出現的事物，只有在商品經濟發展到一定階段時，才使談判這種形式在社會生活中發揮出巨大的作用。由於商品經濟崇尚價值交易，因此只有通過買賣雙方的平等協商談判，才能在互利的基礎上達成雙贏的結局。

談判有廣義與狹義之分，廣義的談判是指除正式場合下的談判外，一切協商、交涉、商量、磋商行為等都看作談判。狹義的談判僅指正式場合下的談判。無論是廣義的談判，還是狹義的談判，都是促使雙方共贏的最好方式。

藉由談判，雙方在價值交換上達成一致，就可以進行一次成功的商業合作。即便是一次露天市場的買賣協商，也需要賣方和買方藉由商談達成協議，然後一手交錢一手交貨，讓生意成交。如果雙方商談未能達成協議，那麼就無法達成交易。因此，買賣雙方的交易都是建立在廣義談判或狹義談判的基礎上的。

本章所講的談判，是指狹義的談判，即正式場合下的正規談判。談判是兩方以上的交際活動，只有一方則無法進行。再者，只有參與談判的各方的需要有可能透過對方的行為而得到滿足時，才會產生談判。

但並非所有的談判都能起到積極的社會效果，失敗的談判可能會破壞良好的社會關係，進而激起人們改善社會關係的願望，產生又一輪新的談判。因此，談判是一種協調行為的過程。談判的開始意味著某種需求希望得到滿足、某個問題需要解決或某方面的社會關係出了問題需要解決。由於參與談判各方的利益、思維及行為方式不盡相同，存在一定的衝突和差異，因而談判的過程實際上就是尋找共同點的過程。

綜上所述，當人們想交換意見、改變關係或尋求同意時，就會有意識地進行談判。而交換意見、改變關係和尋求同意都是人們的需求，它包括物質上的和精神上的。因此，藉由談判來讓自己的需求滿足，是最經濟、

最實用的方式。要想達成這種方式，口才不可缺少。可以說，談判口才越好，對於談判所能達成的結果越有利，即口才變現的效果越強大。

不同性質的談判，需不同的口才來應對

談判可以按不同的標準，從不同的角度進行分類。不同類型的談判，其準備工作、實際運作、應採用的策略和口才變現能力的需求都是不同的。了解談判的類型，有助於讓談判獲得成功。通常可以將談判劃分為以下三種類型，每種類型對應不同的可變現的口才能力。

1. 按照性質劃分的談判分為三種

(1) 一般性談判，指一般人際交往中的談判，是隨意的、非正式的談判，雙方無須提前準備。包括：①家庭場合的談判，如家庭成員間商量何時去郊遊，去哪裡郊遊等。②公共場合的談判，如在火車上與他人協商調換座位。

具有變現效果的口才能力需求：因為基本是日常生活場景中的交流，因此不需要特別的口才能力。

(2) 專門性談判，指各個專項領域中的談判，是有準備的、正式的談判，大都具有明顯的經濟行為。主要包括：教育領域的合作辦學談判、科技領域的技術轉讓談判、生產領域的產品開發談判、商業領域的貿易談判等。

具有變現效果的口才能力需求：需要具備所談判領域的相關知識儲備，並能就技術交流、經濟合作、經貿往來、資金融通、工貿往來等達成

有利於雙方或多方的一致性協議。

(3) 外交性談判，指國與國之間就政治、軍事、經濟、科技、文化等方面的問題或交流而進行的談判。此類談判程式嚴謹，準備充分，效果明顯，影響力較大，談判的結果對雙方都有很大的制約性。

具有變現效果的口才能力需求：因為涉及國與國之間的談判，需要極強的綜合能力，又與商業談判無關，故而在此不做贅述。

2. 按照主題劃分的談判分為兩種

(1) 單一型談判，指談判的主題只有一個。談判雙方對談判的主題必須確定某個能共同調節的「變數值」。例如，買賣雙方只針對價格進行談判，價格就是雙方均可調節的變數，否則談判將難以進行下去。通常情況下，對於「變數」，買賣雙方的期待往往是相反的，例如賣方期望賣價越高越好，而買方期望買價越低越好。雙方的差異只能透過談判來調節，以取得雙方都能接受的價格水準。

具有變現效果的口才能力需求：先分析，掌握有關談判的相關情況，然後確定對策。常規做法是雙方都內定自己所能接受的「臨界值」，盡量爭取更有利於己方的結果。談判過程中要抓住對己方有利的關鍵點進行重點陳述，將自己所期望的「變數值」給出有理有據的理由；對於對方所闡述的有利於對方的關鍵點，要找出最好的反駁理由。因為雙方的談判主題只有一個，所以很容易就會超過「臨界值」，因此，單一型談判具有較高的衝突性。為了緩解衝突，談判過程中的妥協是必不可少的，但妥協的幅度要緩，不能一步到位，同時給自己的承受範圍設置底線，妥協堅決不能跌破底線。

(2) 統籌型談判，指談判的主題由多個議題構成。談判雙方已不再是「單一型談判」中的激烈競爭對手，而是成為能一起合作的共同體。例如，甲、乙雙方正在進行談判，核心議題有兩個：①關於價格的問題，甲方要求至少 5 萬元 / 噸才能成交，乙方堅持最多只能考慮 4 萬元 / 噸的成交價；②交貨時間的問題，甲方提出最早 9 個月才能交貨，乙方要求最晚不超過 6 個月交貨。如果是「單一型談判」，任何一個問題，雙方都不存在達成協議的可能，因此很難找到雙方都可以接受的妥協方案。但用統籌型談判，協議就有可能達成。即如果乙方願意在價格上接受 5 萬元 / 噸的成交價，那麼甲方也願意在交貨時間上接受乙方不超過 6 個月的交貨時間。雙方各自退讓了一步，一方獲得價格上的滿意，另一方獲得了時間上的滿意。

具有變現效果的口才能力需求：統籌型談判是把雙方所存在的兩種或多種不同的交換比例結合起來，讓他們有機會利用這個差異。這種談判藝術的關鍵是為了得到某項利益，透過統籌考慮而甘願放棄另一項利益去換取它。但這種放棄和爭取是有方法的，可以總結為三點：①堅持對己方最有利的因素；②適當放棄己方可以妥協的因素；③不能一次放棄多個統籌因素。

3. 從企業行銷層面可以將談判分為三種

(1) 銷售談判，是工商談判中最主要的類型。談判過程中，賣方關心的是賣價的高低和銷售量的多少，買方關心的是產品的品質和服務的各項條件以及價格的優惠。談判的主要內容包括：總價、品質、服務、包裝、運輸、結算方式、交貨時間或發運時間等。

具有變現效果的口才能力需求：銷售談判的口才變現能力更多體現在提問技巧和答覆技巧上。問話的作用在於取得自己所不知道的資訊，包括：

①希望對方提供自己不知道的資料；②要求對方澄清己方尚未弄清楚的問題；③提醒對方注意某些重要的問題；④藉此表達發問人的感受；⑤限定對方的回答範圍。答覆趨向於承諾，如果不準確將會使己方極為被動，答覆的技巧有：①在答覆之前，要深思熟慮，充分思考；②要在弄清楚問題的真正意思後再進行答覆；③談判中要有標的，但不要一開始就將標的和盤托出；④學會即時運用迴避手段；⑤談判終了時，對談判給予正面的、肯定的評價。

(2) 原有合約的重新談判，是指在長期合約中，一般有一些允許賣方和買方在合約截止日期前重新談判的條款或條件。初始合約應當設定開啟重新談判所必須具備的條件，以避免購銷雙方陷入「為重新談判」而談判的困境。例如，賣方在合約截止日期前，提出重新討論合約的內容，買方必須做出決定，是取消合約並達成一個全新的協議，還是更改初始的合約。

具有變現效果的口才能力需求：針對既有合約的重新談判，就像一次說服的過程，目的是設法讓對方改變當初的想法，接受己方的新意見，這是談判工作中非常艱難的情況，需要做到：①要對對方表示友善，使對方信任自己；②要向對方講明接納意見後的利弊得失；③在說服對方時，應坦誠說明己方的利益，讓對方認為所提要求合情合理；④要更多地強調雙方利益的一致性。

(3) 索（理）賠談判，是指在合約義務不能或未能完全履行時，當事

人進行的談判。在商品交易過程中，由於賣方交貨時，因品質不符、數量短缺、包裝不符、延期交貨，或者買方擅自變更條件、拒收貨物和延期付款等原因，給對方造成損失的，都可能引起索（理）賠。因此，為使以上爭議能夠得到圓滿解決，需雙方心平氣和地進行商談。

具有變現效果的口才能力需求：一般而言，索（理）賠談判更像一場為了證明己方的立場、為了維護己方的合理要求，不得不進行的一場辯論，需要做到：①一旦提出，就要論證己方意見的事實根據或法律根據；

②針對對方沒有根據的指責，要正當反駁，指出對方的論點不符合合約規定或不符合法律規定或不符合國際慣例；③指出對方的論據沒有邏輯關聯，推導不科學；④採取原則問題不妥協、枝節問題不糾纏的方法；⑤措辭準確、犀利，但不要傷害對方，尤其不能諷刺刻薄、斷章取義，更不能蠻不講理；⑥態度要客觀、公正，有條不紊、舉止自然。

談判口才：有理有節，把話說到對方心坎裡

A 公司的經理在一次業務談判中，遭到了 B 公司工作人員的頂撞。他給 B 公司經理打電話，氣沖沖地說：「如果你們不向我保證，撤銷上次談判中那個蠻橫無理的工作人員的職務，那麼，顯然是沒有和我公司達成協議的誠意。」

B 公司的經理聽後心平氣和地說道：「您好，對於工作人員的態度問題，是批評教育還是撤職處理，完全是我們公司的內部事務，無須向貴公

司做什麼保證。這就同我們並不要求你們的董事會一定要撤換與我公司工作人員有過衝突的經理的職務，才算是你們具有與我們公司達成協議的誠意一樣。」

A 公司的經理頓時啞口無言。

在這裡，B 公司經理對 A 公司經理提出的要求進行了有理有節的反駁。雖然 A 公司與 B 公司是兩家不同的企業，其內部管理和一些規章制度也不同，但有一點卻是共同的，即 A、B 兩家公司對各自員工的處分完全是公司內部事務，與對對方有無談判誠意無關。B 公司經理抓住了這一點，從而告知對方所提要求的過分和無理，還借此表達了對態度蠻橫的 A 公司經理的不滿。

從商業競爭的角度來看，談判就是一場針鋒相對的鬥爭。讓對方同意你的觀點，不是件容易的事情，這等於要改變對方原有的意思，如果沒有極其充分的理由是無法做到的。充分的理由來自哪裡呢？是喋喋不休的介紹嗎？當然不是。優秀的談判者不會強加自己的思想給對方，也不會強加任何需求到對方身上，因為他們很清楚，強加是沒有用的，優秀的談判者會通過循循善誘地闡述，讓對方主動發覺自己對談判對象（產品或服務）的需要，進而主動做出讓步或與另一方達成一致的行為。

小吳是一家電機公司的推銷員。一天，他接到一位客戶的電話，客戶在電話裡怒斥他銷售的電機是偽劣產品，要求全額退款，外加賠償，不然就去起訴。小吳聞聽後立即來到對方的公司。

小吳剛跨進車間大門，就聽到這家公司的負責人即那位給他打電話的客戶沖著他大聲喊道：「你就是個騙子，還好意思來。你看看你賣給我的

這些破爛，都能燙熟人皮，我要求你立即給我辦理退貨，不然我要起訴你們這個騙子公司。」

小吳穩了穩心神，來到機器旁邊，用手摸了一下電機外殼，確實很燙手，但一定沒有超過標準，機器品質絕對沒有問題。可是，能這樣篤定地和客戶說嗎？客戶會信嗎？

面對這種狀況，小吳問負責人：「我完全同意您的觀點，如果電機發熱過高，就是嚴重的品質問題，需要立即停產，然後退貨還款，您說是嗎？」

負責人當然同意，說：「是的。」

小吳問負責人：「您用手摸電機感覺發燙，這我絕對相信，我剛才也摸了一下，確實有些燙手，您一定看到了我摸電機的動作了吧？」

「是的，我看到了。」

小吳繼續問負責人：「向您請教一下：是不是任何電機在運作時都會有一定程度的發熱，但只要發熱程度不超過相關規定的標準就可以？」

「是的。」

小吳再問負責人：「相關標準中，電機的運行溫度可以比室內溫度高出 32℃，是這樣嗎？」

「是的，你想表達什麼？」負責人有些不耐煩地反問。

「我帶來了溫度計，目前顯示車間的溫度是 30℃，對吧？」小吳沒有理會負責人的反問，繼續著自己的問話。

「是的。」

「好的！車間的溫度是 30℃，電機的溫度不用達到相關規定的比室內

溫度高出 32℃的峰值，就會感到燙手。請問，如果把您的手放在攝氏 50 ～ 60 度的水中，會不會覺得很燙呢？」

「這個……是的。」負責人有些支支吾吾，但也只能同意小吳的觀點。小吳對負責人說：「那麼，請您以後不要去摸電機了，真的可能會被燙傷。但是，我可以向您保證，我們的產品絕對沒有品質問題，您可以放心。」

話已至此，負責人無話可說，他也意識到是自己過於魯莽了。

從該例子中可以看到，小吳之所以能說服負責人，除了因為他所推銷的電機品質確實沒問題，還因為他的說服過程是既有理又有節，每一個提問都是有目的性，而負責人的每次回答都等於是在證實小吳的論點。如果小吳一開始就硬碰硬地去和負責人探討電機的品質，對方就會一直抱著電機品質有問題這個觀點不放。小吳很聰明，將雙方談判博弈的焦點從品質迂迴到了溫度上，從一開始就引導對方說出一連串的「是」，並引導對方自己想明白了事情的原因。因此，高超的談判者，總會以更加隱蔽、靈活的方式，讓對方察覺到是對方自己的問題。

談判口才的五個階段：導入、概說、明示、交鋒、達成

正式談判分為幾個階段呢？有的人說分成五個階段，即導入階段、概說階段、明示階段、交鋒階段和達成階段；有的人說分成六個階段，即將

交鋒階段分為交鋒階段和妥協階段。鑒於妥協也是交鋒的一種方式，因此，本書採用五個階段劃分法。下面逐一進行介紹。

1. 導入階段

導入階段是正式開啟談判主題之前的一個短暫階段。無論是正式場合的談判，還是非正式場合的談判，導入階段的主要工作是讓參與談判的人員藉由相互寒暄、自我介紹，與對方認識，並從介紹中了解談判人員的有關背景資料。

導入階段需要為後續的正式談判創造良好的談判氣氛，這種氣氛應當是坦誠、和諧、輕鬆、認真、有條不紊和富於創造性的。如果缺乏這種良好的談判氣氛，則不利於談判的順利進行。因此，在此階段應多講一些「中性」話題，例如談判者的旅途經歷，談判者感興趣的一些國際新聞、體育新聞，談判者的個人愛好以及談判雙方合作過的經歷等。

2. 概說階段

概說階段又稱為「試探階段」。此階段的主要目的是讓談判的對方了解己方的目標和想法，同時也要有策略地隱藏不想讓對方知道的資料，即不要將己方的情況全部坦白出來。

在概說階段開始發言時，內容必須簡短，把握所要進行的談判重點，恰如其分地表示己方的觀點依據和感情傾向。例如「今天有關契約的討論，希望結論能使雙方滿意」，再如「今天是本次合約談判的第三輪，我們都希望能在今天達成協議，我方將為此做出最大讓步和最大努力」。在己方發言之後，可留一段短暫的時間讓對方思考意見和發表想法，以便從

對方的言語中初步了解對方的目的和動機。

此階段是正式開啟談判的試探階段，因此，談判的言辭或態度儘量不要引起對方的焦慮與憤怒，以免讓對方產生敵意，築起一道防禦之牆。如果對方在一開始就築起了防護牆，那麼就等於喪失了原來可能協商的部分，接下來的談判將變得非常艱難。

3. 明示階段

明示階段顧名思義就是將己方的意見公佈出來。既然是明示，就是不需要顧慮，有什麼意見就公佈什麼意見，不要考慮對方會不會認可，因為對方一定不會認可。談判雙方在該階段必然會產生意見分歧，所以才要進行談判，雙方圍繞自己的所求、對方的所求、彼此相互之間的所求，以及沒有表露出來的內在動機，進行有條件的商談。

為了達成協議，雙方應該心平氣和地討論下去，既是為了實現自己的需求，也是為了達成雙方共贏。

4. 交鋒階段

在談判過程中，雙方為了獲得自己所需的利益，在交鋒階段會產生明顯的對立狀態。而對抗是談判的主旋律，此時談判者應該顯示自己的智勇、剛毅、果斷的素質，朝著自己所追求的目標勇往直前。交鋒階段，雙方都想占優勢，自然爭論激烈，氣氛緊張。

交鋒不是對抗到底，而是對抗之中還有妥協，妥協之中還保持著對抗。妥協是談判不可缺少的一部分，但誰先向對方妥協，是很棘手的問題，因此需要決定妥協範圍和尋求最佳妥協時刻。一方對於可能妥協的程度心

中有底，同時對對方妥協的程度也有一定估計，那麼就可能妥協得恰如其分，並在某些方面得到妥協的補償。

5. 達成階段

經過激烈交鋒與合理妥協後，談判雙方認為基本達到了自己的理想目標，便會達成協議。最後雙方在協議書上簽字，握手言和，談判即告結束。

第四章
一張口就要贏，成交才是王道

這是一個魅力展現的時代，也是一個步履艱難的時代；這是一個科技燦爛的時代，也是一個激烈競爭的時代……商場如戰場，頂尖的口才才能獲得頂尖的生意，口才的變現能力將是行銷人員馳騁商戰的制勝法寶。

行銷無處不在，口才不可或缺

無論是有意識的還是無意識的，任何組織與個人都在從事著各式各樣的行銷活動。可以說，生活中處處存在行銷，時時存在行銷。

比如，商場在節日時會經常搞一些促銷活動，打折優惠，滿多少優惠多少，但更多的是滿多少贈一定金額的折價券，以吸引顧客下次繼續來購物。再比如，超市還經常搞套裝銷售，即買一送一或者買這贈那，以達到借銷量好的產品帶動銷量一般的產品，實現均衡收益的目的。此外，還有聚餐時的團購、看電影時的網上訂票、網路新興的直播帶貨、「雙十一」的全國購物潮、逛街時遇到的各種免費體驗或促銷傳單……

有人說行銷還是銷售，是包裝宣傳，是擴大影響，甚至有人說行銷就

是一個套路或連環套路。所以，很多人討厭行銷，就怕自己什麼時候腦袋一興奮，就買了很多自己本來不需要的東西。有位朋友今年「雙十一」期間因為無意間看到一個主播帶的貨，就衝動了一次，買了一大套護膚品。可是在拿到產品之後，她就有些洩氣了，並不是發現了產品有什麼問題，而是大腦連續很多天的興奮期過去了，熱度降下來了，她看著這些化妝品，非常明白，無論自己用什麼化妝品或護膚品，都不可能把皮膚保養到像哪個明星或者哪個廣告模特兒那麼好。

其實，在生活中，行銷無處不在。比如，你今天要去見一個重要的客戶，你不會衣衫不整、披頭散髮就出門吧？！你一定會把頭髮梳得整整齊齊，衣服穿得乾淨又合適，皮鞋擦得很亮，把自己最好的一面展現給客戶。其實，你的這一套對自己的操作，也是在做行銷，只是行銷的對象是自己而已。

因此，行銷不是簡單的銷售，不是傳統意義上的「賣東西」，而是一種策略，是個人和集體透過創造、提供出售，並透過與別人交換產品和價值獲得所需之物的過程。

而行銷一定離不開好的口才，這就要從行銷的本質說起。

行銷的本質是什麼？是為客戶創造價值？是滿足客戶需求？兩個答案都是對的。行銷就是圍繞客戶做文章，通過行銷精準找到有需求的客戶。因此，行銷的過程需要與客戶建立聯繫，而聯繫的直接方式是利用口才進行的溝通。

一名行銷人員，如果具備了一流的、具有變現能力的口才，那麼就能夠順利地發展客戶，就能夠爭取到向對方推銷產品或服務的機會，就能夠

在極短的時間裡迅速吸引客戶的注意力，打開行銷局面，就能夠一步步地激起客戶的購買欲望，並最終說服客戶做出購買的決定。

變現口才的影響力將伴隨著每次行銷進程的發展，其好壞會在行銷工作的每一個環節上得以證實。由此可以毫不誇張地說，行銷的成功在很大程度上總結為行銷人員對口才變現技巧的合理運用與發揮。

讓行銷與口才實現完美融合

對於渴望成功的行銷人員而言，口才的變現能力無疑是極為重要的法寶，因為成功的行銷來自一流的口才。美國「銷售之王」弗蘭克·貝特格透過對自己 30 年行銷生涯的總結得出了「交易的成功，往往是口才的產物」的結論。因此，人們不得不承認一個事實：在行銷領域，哪裡有聲音，哪裡就有了力量；哪裡有溝通，哪裡就吹響了戰鬥的號角；哪裡有口才，哪裡就有了成功的希望。

良好的口才變現能力對於行銷人員具有重要的作用。然而很多人對行銷口才的認識卻存在著誤區，認為行銷人員應該是八面玲瓏、吹牛、能言善道，甚至能空口說白話，能把死的說成活的。其實，這種純民間解讀對於行銷口才的誤解太嚴重了，如果行銷人員按照這樣的「標準」要求和訓練自己，時間長了搞不好就成了專業騙子。

本節，我們將針對行銷口才的作用、原則和技巧三個方面進行詳細解讀，讓大家對行銷口才有了更深層的認識。只有做到充分認識，才能在實

際運用時將行銷理論與行銷口才完美融合，從而達到最大價值的變現。

1. 行銷口才的作用

很多人從事行銷工作時，都知道行銷口才對於行銷工作的重要性，所以在提升口才能力時，都非常注重行銷口才能力的訓練。總而言之，行銷口才常見的作用都是圍繞客戶存在的，主要包括以下四點。

(1) 有助於建立良好的客戶關係。從接近客戶，到行銷洽談的開始，一直到合作關係的建立，都需要行銷人員創造良好的溝通氛圍，與客戶建立良好的關係。

(2) 準確傳遞產品和服務資訊。在行銷過程中，只有通過很好的產品介紹和展示，才能讓客戶知曉和接受產品或服務的價值。

(3) 化解客戶顧慮。當客戶提出異議時，行銷人員通過良好的口才能力化解客戶的顧慮，從而促進與客戶合作關係的達成。

(4) 激發客戶合作意願。行銷人員透過良好的口才能力讓客戶產生合作的興趣和意願，讓成交成為可能。

2. 行銷口才的原則

無論任何原則，都必須建立在品行端正的基礎上，而誠信就是好品德的重要內容。品德不好的人，口才再好也只是唬弄。作為行銷領域的從業者，必須時刻記住對客戶、對公司的承諾，主要需要做到以下四項原則。

(1)TPO 原則。其中 T 代表時間，P 代表場合，O 代表對象。說話是一門藝術，只有在合適的時間、合適的場合，面對合適的對象，說出恰如其分的話語，語言才能真正產生價值。

(2) 傾聽原則。溝通是雙向的，必須學會傾聽才能了解客戶的想法、

需求和期望，也才能有針對性地採取下一步的溝通和行動措施。

(3) 共鳴原則。溝通的目的就是要找出讓雙方產生共鳴的東西，由此行銷人員需要做到讓客戶願意與自己溝通，並從中發現樂趣。

(4) 不爭辯原則。在溝通過程中，要用藝術的方法處理雙方的分歧，千萬不能說傷害對方的話，更不要做輸贏勝敗的爭論，因為將商品行銷出去才是真正的勝利，否則即便「贏了口才」，也會「輸了訂單」，又有什麼意義呢？

3. 行銷口才的技巧

行銷口才其實和銷售口才很相近，目的都是要將產品推銷出去。因此，行銷口才的訓練可以從開場技巧、主題設計和結尾安排三個方面入手。

(1) 開場技巧。無論是接近客戶，還是進行產品介紹，都必須重視開場白。開場白的作用主要有四點：①建立良好的第一印象；②激發聽者的興趣；③讓聽者對下文產生期待；④讓聽者儘快了解講話目的。

(2) 主題設計。行銷口才的核心主要包括五個方面：①完整性——要有明確的議題和大綱；②通俗性——考慮聽者的理解能力；③共鳴性——顧及聽者對講話內容的興趣，如果聽者沒興趣，就應該停止當前溝通或換個話題；④生動性——高品質的講話內容或者雙方都感興趣的講話內容，可以增強口才行銷的時效性；⑤互動性——口才行銷的過程中需要及時與聽者進行互動。

(3) 結尾安排。口才行銷的結尾部分往往是終結的動作，所以同樣重要。主要包括三個方面：①對溝通的要點進行總結；②對本次口才行銷的啟發意義做適當延伸（用一個故事或一句名言）；③直接表達自己的訴求。

先攻人心，後做生意

　　行銷不是簡單的「你賣貨，我買貨」，而是一場賣方與買方的心理遊戲。所以，有些從事行銷工作的人，總能取得令人羨慕的成績，而有些人卻業績平平。成績不好的人中，很多也是非常用心的，看了很多書，學了很多課程，一些方法也早已滾瓜爛熟，但運用於實際中就是見不到成效。原因在哪裡呢？主要還是沒有找對方法，沒有抓住客戶的心理訴求點。學什麼只學了個表面，「依樣畫葫蘆」，而後發現客戶並不買帳，交易自然無法達成。

　　做生意，必須攻心為上，抓住客戶的心理訴求點，讓客戶感覺到，你是真誠的，你處處在為他著想。下面，對於何為先攻人心，後做生意，我們結合兩個具體的案例進行分析。

　　1. 運用「對比原理法」，讓攻心變得輕而易舉「對比原理法」是一種潛意識攻心法，應用於生活與工作中效果非常明顯，就是將兩種相關的或不相關的事物之間的反差進行對比，並讓對方在這種對比中產生傾向感，借機達到攻心說服他人的目的。

　　美國有一個 10 歲的女孩，想買一輛自行車，父母要她自己去賺錢。她利用放學後及寒暑假的時間去賣餅乾，竟然在一年時間賣出了 10000 包，一舉打破了公司的銷售紀錄。她是如何做到的呢？

利用積攢的零錢，買了一張 30 美元的一年期開獎彩票。在每次推銷時，她先賣彩票，告訴對方自己要賺錢購買自行車，並說明彩票最高獎金是 100 萬美元。當人們覺得彩票太貴時，她便會從包裡拿出十包餅乾，

說：「這裡有十包餅乾，一共賣 5 美元，您買吧？」這時幾乎每個人都會買下來。

就這樣，女孩用 30 美元的彩票與 5 美元的餅乾做比較，5 美元對比 30 美元，少了很多，人們的心理在前期經過 30 美元的鋪墊後，就很容易接受後期的 5 美元推銷。這樣，女孩很容易就實現了銷售餅乾的目的。

這種對比方式，讓人們想到了魯迅寫的「開窗理論」，「人的性情總是喜歡調和、折衷的。譬如你說這屋子太暗，須在這裡開一個窗，大家一定不允許。但如果你主張拆掉屋頂，他們就會調和、折衷，願意開窗了」。

2. 站在對方的立場上說話，有助於拉近彼此的關係

人們都希望獲得他人的理解和認可，但很多人往往都做不到站在對方的角度思考問題，而是更願意站在自己的角度思考問題。但以自己為中心的交談方式，是難以形成良性溝通的。因此，我們要吸取這類教訓，努力地站到對方的立場上，用對方的所思所想去安慰、理解和支持對方，這樣就很容易拉近與對方的心理距離。

成功學大師戴爾·卡內基年輕時，曾租用某酒店大禮堂做講課的場所。租約到期後，他接到通知，租金要提高三倍。卡內基找到酒店經理，說：「經理，我接到漲租金的通知，雖然有些驚訝，但我知道這不怪您，換做是我，也會這麼做。但大幅度上漲租金，就等於攆我走。我走了，聽我講

課的那麼多企業的中高層也就跟著離開了，而他們的經常光顧，等於免費為貴酒店做廣告，這些人可都是無價之寶啊！」

這番話一出口，經理有些沉默了，因為他既想得到更高的租金，也不希望讓卡內基和他的客戶流失掉。在卡內基一番「為其著想」的言論後，他意識到「魚和熊掌不可兼得」，要麼多賺租金，讓卡內基走人；要麼降低租金留下卡內基，也順便留下他的那些客戶。

可見，攻心的目的就是讓別人的想法從根本上產生動搖，攻心的過程不帶一絲強迫，而是從對方的角度去說服對方，最終達到目的。

口才做行銷，關鍵在成交

行銷的目的是什麼？肯定不是為了聊天和交朋友，無非是成交。所有不是為了成交而進行的行銷，都不是合格的行銷，或者乾脆就不能稱之為行銷。

那麼，口才行銷的成交關鍵在哪呢？在於能和被行銷對象製造出共鳴感。共鳴不是簡單的「順人情，說好話」。這種不平等的交際，一方主導，另一方附和，無論附和方怎樣討好，主導方只會產生高高在上的支配感，而不會產生共鳴。共鳴是在溝通的雙方地位相當、話語投機的情況下產生的。因此，最好的溝通方式是一方傾聽另一方的講述，並不時給出恰當的評價或者關心，表現出認真和感興趣的樣子。另一方告訴對方也有同樣的經歷和體驗時，對方一定也更加感動，就此產生共鳴。對於口才營銷，這

同樣適用。

　　小鄭是一家婦嬰用品公司的行銷人員，負責線上行銷工作，但偶爾也線上下做一些客戶開發工作。一個週末，她到朋友家做客，回家時在朋友家所在的社區裡看到一個長椅上坐著一個孕婦和一位老人。於是，她假裝不經意地清潔人員：「那兩位好像是一對母女吧？她們長得真像。」

　　清潔人員說：「是啊！那是張阿姨和她的女兒，女兒馬上就要生孩子了，當媽媽的特地從老家趕過來照顧。」

　　小鄭聽後走到長椅旁，溫柔地提醒孕婦說：「您不要在椅子上坐太長時間，外面有點涼。您現在可能沒有什麼感覺，但是等到生完寶寶就會感覺不舒服，年紀大時會更加明顯。」說完，她又轉頭對老人說，「現在的年輕人都不太講究這些，但有您的照顧就會好多啦。」

　　老人聽到有人提到了自己的擔心，立即「抱怨」地對小鄭說：「是啊，我也總提醒她，不能在外面坐太長時間，但她就是不聽話。」

　　「哪有那麼嚴重啊！我沒有那麼脆弱。」年輕孕婦明顯有些不在乎她們說的這些。

　　「你啊！等生完孩子就知道要不要注意這些了！我當初懷你的時候，也覺得不用顧慮那麼多，結果生下你後就落下了腰痛的毛病，吃了多少藥也沒用。」

　　小鄭見機立即接著說：「是啊！不聽老人言，吃虧在眼前，這些生活的經驗，我們一定要聽老一輩的。」

　　隨後，小鄭融進了這對母女，三個人從懷孕聊到生產，又從產後護理和產婦的身體恢復聊到嬰幼兒的照料和營養搭配，聊得非常投機。就這樣

聊了很長時間後，孕婦才想起來問：「你怎麼知道這麼多啊？看你的年紀很年輕，不像有了孩子啊！」

小鄭笑著說：「我還沒結婚呢！不過我是做婦嬰產品的，所以比較關注這類知識，也從很多做了媽媽的客戶那裡取了不少經。」

「是這樣啊！難怪。那你具體是做什麼產品的？我能用到嗎？你挺專業的，推薦的產品應該也錯不了。」

接下來的事情不再贅述了，很顯然小鄭又做成了一筆生意。

一個高品質的共同話題，是雙方傾心細談的基礎和開懷暢談的橋樑，也是共鳴產生的必備條件。小鄭從目前對方最關心也都了解的話題入手，先透過閒聊建立互動，再進一步深入交談來建立信任關係。最終打開了對方的心門。這是一個過程，由陌生到熟悉，從不信任到信任，在不知不覺中完成了成交。

憑口才做行銷，不僅能說，更要會說

1930 年，英國蘭開夏電氣公司開始在蘭開夏郡的農村進行全面通電的工程建設。推銷員們花言巧語，動用一切手段，說服居民改用電燈。在某個鄉鎮，最後只剩一戶居民堅持不裝電，多位推銷員輪流上場，把電燈的好處都講透了，但這家人還是不同意。

輪到推銷員鮑勃來解決這個問題了。經過實地調查，他發現這戶人家的經濟並不困難，有一座家庭養雞場和一座養牛場，不想安裝電燈是怕燈

光會影響雞的產蛋量。

鮑勃第一次登門，這戶人家的女主人已經有了戒備心理，隔著門對鮑勃說：「如果你是電氣公司的人，那就不用進來了，我們拒絕安裝。」

鮑勃隔著門對婦人說：「夫人，很抱歉，打擾您！我不是推銷電的，我是來向您買雞蛋的。」

婦人聽鮑勃這麼說，便把門開了一條縫，用警惕的眼光看著他。鮑勃見狀趕緊重申自己的目的——買雞蛋，讓婦人進一步消除了一些戒心，把門開大了一點。

鮑勃笑著對婦人說：「聽朋友提起，您養的雞真的太漂亮了，產的蛋也一定很好，我想買一些用來做蛋糕，市面上常見的雞蛋做出的蛋糕不好吃。」

婦人從門裡走出來，態度溫和下來，主動聊起了雞蛋的事。鮑勃知道這戶人家還養著牛，而且從婦人口中得知牛由其丈夫飼養，於是他就指著院裡的牛棚對婦人說：「我敢打賭，您養的雞肯定比您丈夫養的牛賺的錢要多。」

這句話徹底打動了婦人，這是她和丈夫長期爭執的事情，相互都認為自己養的東西更受人們歡迎，能賺到更多的錢。今天自己的付出得到了這位陌生人的肯定，婦人高興地把鮑勃請進院子，邀他參觀她的雞舍。鮑勃一邊參觀一邊讚揚婦人，兩個人愉快地聊著。鮑勃看準時機，向婦人提出一個關鍵問題：如果雞舍能用電燈照明，產蛋量一定會提高。此時，婦人已經完全沒有了戒備，笑著問用電的好處。鮑勃告訴她，用上電燈，照明穩定了，雞的情緒就穩定了，現在的煤油燈一閃一閃的，雞會感到煩躁，是不利於產蛋的。

鮑勃離開了婦人家，手中提著五斤雞蛋。第二天，蘭開夏電氣公司就收到了這戶人家遞交的用電申請書。

　　鮑勃之所以能成功說服固執的客戶，原因在於他不僅能說，還很會說，找准對方的需求點，通過循循善誘的方式，一步步打消了對方的疑慮，拉近了與婦人的心理距離。

　　通過上述案例可以看出，培養好的口才變現能力不僅是能說，而且要會說。其實在能說之前，還有一個敢說。口才變現能力的一切基礎都在於「敢」字上，必須得敢於表達，才能在不斷的表達中讓自己更能說，更會說。

　　階段 1 ── 敢說

　　敢說不等於胡說和瞎說，是要進行常規性的語言表達訓練。該階段的訓練內容是中文語音訓練和心理素質的訓練。訓練的主要形式是讀和說，驗收的標準是能用中文在眾人面前把話說清楚。

　　多閱讀，讓自己的中文水準達標；多說，來克服自己的心理障礙。心理素質是否良好，決定了人口才變現能力的強弱。因此，對於口才行銷人員來說，建議平時多和他人聊自己感興趣的話題，以讓自己在溝通時更加輕鬆自在、滔滔不絕，增強自信心。

　　階段 2 ── 能說

　　能說不等於常說，是要進行正確的語言表達訓練。該階段的訓練內容是話題訓練和思維能力訓練。訓練的主要形式是按給出的話題，運用思維方式完成說話的內容。驗收的標準是在規定的時間內，能夠針對話題進行多角度、多方位的思維，然後有觀點、有層次地表達。

　　比如在說話時加入一些成語作為修飾，這樣的訓練，可以讓被訓練者

或陳述或論證或評析，能充分表達己見、活躍思維、張揚個性。當然，修飾也需有度，否則會影響說話效果。

階段 3 —— 會說

會說不等於必說，是要進行高品質的語言表達訓練。該階段的訓練內容是能夠根據語境說話具有應變能力。訓練的主要形式是模擬場景，按角色不同進行表達。驗收的標準是能夠根據不同場景、不同角色確定說話的內容和方式。比如，在校園生活中，把學生身邊發生的多個場景進行複製，學生帶著任務分別充當其中不同的角色，或解釋，或批評，或勸說，或爭辯，風趣中透著理性，幽默間把事搞定。

這三個階段，內容上從敢說突破心理障礙，從能說提高思維能力，從會說強化應變能力。由淺入深，循序漸進，形成技能。

行銷口才：讚美、恰當、直言、含蓄、委婉、幽默

現在，我們來看體現出頂級行銷口才的六種方法，每一種都看似平常，但真正做到高品質運用卻並不容易。下面逐一進行詳細講解。

1. 讚美

讚美適合初次見面或者剛認識不久，不可多用，讚美過剩，一方面會讓對方形成免疫，另一方面會引起對方的反感。行銷人員口才變現能力的

讚美具有以下要求。

(1) 讚美要充滿真誠。不要以為只要是讚美的話，別人就一定會認同，言不由衷或者言不符實的讚美，很容易招致別人的反感。因此，讚美的話必須根據不同的對象由衷而發，要讚美他們確確實實的優點。

(2) 讚美要具體。讚美不能泛泛地說些空話，而要直接提及與所讚美對象切身相關的一些事情，比如恭維別人生意興隆，不如讚美對方經營有方。因此，讚美的話必須切合實際，最好對所讚美之人進行一些了解，做到有的放矢地去讚美。

2. 恰當

作為行銷人員，向客戶介紹產品或服務的主要行銷要點和重要問題時，所用語言必須恰當適度。

某商場銷售人員對一位男顧客說：「您穿上這件羽絨服，就像一隻威風八面的棕熊。」

顧客一聽就不高興了，認為銷售人員將自己比作動物是在侮辱自己，讓銷售人員必須給自己道歉。

商場經理聞訊過來，對顧客說：「這位大哥生氣是應該的，怎麼能用動物比喻人呢！我一定叫他向您道歉。」說完轉過身去，對這位導購員說，「你是沒念過書嗎？用動物去比喻人。再說，這位顧客穿上這件衣服多像一位將軍，身型、氣質都擺在那裡，多麼明顯，你就看不出來嗎？我看你不僅書念得不好，眼神還不太夠用。現在顧客因為你的一句話生氣了，去向顧客道歉！」

顧客本來氣呼呼的，聽到經理說自己像將軍時，不由自主地對著鏡子看了看，眼神裡升騰起自豪的神采，對於剛才的事已經不那麼生氣了。當銷售人員向他道歉時，他也很愉快地接受了。

這個案例不大，但告訴我們在運用行銷口才時，恰如其分的語言是多麼重要。同樣是想說一句讚美的話，恰當的讚美可沁人心脾，收到好的效果，不恰當的讚美則會直沖肺腑，讓人惱火不已。

3. 直言

把話說恰當，並不是每句話都要進行恰當的讚美，還可以恰當地直言。但很多行銷人員有個誤區，認為從事了行銷就等於和直言說「掰掰」了，只有說不真實的話，才能贏得客戶的喜愛。其實，有時候將不好的一面主動指出來，更容易打動客戶。

一位顧客到書店幫孩子買習題，她拿出一張孩子列的書單，請店員幫自己把所列的書都挑出來。店員看到所列練習題目前只有舊版的，新版的還未上市，就告訴顧客說：「現在正值圖書每年換版的時候，賣不掉的舊書都退回給書商了，等待新書到貨，目前貨架擺放的基本都是舊版的，新版的預計還得半個多月能到。如果您只是買一兩本，可以先買舊版的，反正都是做習題。但您要買的有二十多本，我不能都給您舊版的啊！」

顧客聽了頻頻點頭，然後提出留下電話，等新版的到了，麻煩店員給自己打電話告知，自己再來買。店員欣然同意，果然在新版練習冊陸續到貨後，電話通知了這位顧客。沒想到，她再次來卻不是一個人，而是一堆人，她告訴自己認識的人在這家書店買書好，因為店員人好，不會讓顧客吃虧。

行銷人員在拓展業務的過程中，雖然不能向客戶「全拋一片心」，但也要在特定的時候和顧客實話實說，如此往往會取得意想不到的效果。

4. 含蓄

行銷人員在面對客戶時，一定要注意語言的含蓄性，切記不要因自己過火的語言傷了對方的感情，這也是贏得客戶好感、維繫與客戶良好關係的連結。

行銷人員在向客戶推銷產品或服務時，說話必須「和氣、文雅、謙遜」，不講粗話、髒話，不強詞奪理，不惡語傷人。要多用敬辭、敬語，語氣要親切柔和，語句要委婉含蓄。這樣才能縮短與客戶的心理距離，使客戶感受到溫暖和被鼓舞，進而促成交易。」

某位超市蔬菜區的理貨員，經常在整理菜品時發現一些顧客故意往下剝菜葉，以減少稱重分量。面對這種情況，她會向顧客宣傳說：「請大家挑菜時當心一點，別把菜葉碰下來。這「碰」字說得含蓄、凝重，使有意剝菜葉的顧客的臉上頓時泛紅，手也不得不停下來了。

5. 委婉

含蓄和委婉，像是一對連理枝，採取了含蓄，就勢必會委婉，採取了委婉，也勢必是含蓄的。但委婉也需要有限度，不能過於委婉而失去力度，變得卑微，那樣既丟人格，還達不到效果。因此，如何做到恰到好處的委婉，既能說明問題，又讓人樂於接受，需要行銷人員在實踐中不斷去摸索，去鍛鍊，去掌握。

公車裡，一位男乘客準備下車，售票人員請他出示車票。男子有點慌

了，因為他並未買票，想矇混過關。其他乘客見狀有的指責，有的嘲笑，售票人員此時卻溫和地問這位男乘客：「您是不是把票弄丟了？」聽售票人員這麼一說，男子頓時如釋重負，立刻說：「對，對，我現在找不到了，我補票。」售票人員給男子補了票，又語重心長地說：「您下次要注意喔！」男子連連回答：「一定注意！一定注意！」語氣裡充滿了感激與內疚之情。

6. 幽默

交易是一種容易激起人類防備心理與內心敵意的活動，如果行銷人員懂得恰當地運用幽默技巧，就可以儘快消除客戶的緊張情緒，使整個洽談過程變得輕鬆愉快，充滿人情味。

一位房仲領著一對夫婦向一棟別墅走去。一路上，為了銷售這棟別墅，他一直在誇耀這棟別墅和這個居民區：「瞧這個地方多好！空氣潔淨，遍地鮮花綠草，這裡的居民誰也不想離開這，也從來不知道什麼是疾病與死亡。誰也捨不得離開這裡。」碰巧就在這時，他們看見一戶人家正在忙碌地搬家。房仲馬上說：「你們看，這位可憐的人……他是這裡的醫生，竟因為很久沒有病人光顧，而不得不遷往別處謀生了！」

這戶人家的搬家恰巧和房仲講的話衝突，如果不用一些幽默的方式化解，而是一味地解釋，想想會出現什麼樣的局面？

下篇
口才變現情境操作

第五章
職場口才變現：善用自己的口才，
實現職場目的

身在職場，不僅要不斷提升工作能力，更要做到能言善辯，以將自己的能力和成績充分展現出來。因為職場時時刻刻離不開溝通，無論是和老闆、主管、部屬，還是橫向的部門交流與同儕溝通，抑或是與外界各類客戶的溝通，都要講究口才的變現能力，讓好口才幫助自己實現最大價值的變現，以讓自己的職場之路走得更穩，人生之路走得更順。

面試口才：自我介紹、問答應對、觀點展示

學習生涯結束後，需要走入職場，走向社會，以工作的方式繼續自己的人生。職場既是踏入社會的必經之路，也是人生價值的歷練場和人生品牌的鑄造地，因此必須小心經營。透過不完美的職場情境，克己復禮，修練優於過去的自己。

整個工作階段，都一定會有應聘面試環節，哪怕一生只為一家企業工作，也需要進行一次面試。

在面試過程中，應聘者要保持舉止文雅大方，談吐謙虛謹慎，態度積極熱情。面試的過程通常包含三個部分，即自我介紹、問答應對和觀點展示。其中觀點展示可能包含在問答應對中，也可能是後續的獨立表達。

1. 自我介紹

簡單而言就是說明自己的基本情況，如自己的年齡、畢業院校和所學專業、性格特徵、其他愛好與特長、求職說明（為什麼應聘該崗位）和從業經驗等。

但如果全部按照上述闡述，就可能成為一篇簡短的流水帳，無法給面試官留下值得加分的印象。所以，自我介紹的語言組織需要更加生動，爭取在最短的文字範圍內對自己進行更全面立體的介紹。

無論是做自我介紹，還是回答面試官的問題，抑或是發表一些觀點，都必須做到發音標準、吐字清晰、語氣平和、音量適中、語言流利、文雅大方。並且注意控制語速，既不能跌跌撞撞，也不能如連珠炮一般。應使用平緩的陳述語氣，不宜使用感歎語氣或祈使句。聲音過大令人厭煩，聲音過小則難以聽清。音量的大小要根據面試現場的具體情況而定，兩人面談且距離較近時聲音不宜過大，群體面試且場地開闊時聲音不宜過小。此外，為了增添語言的魅力，還應注意修辭美妙，忌用口頭禪，更不能有不文明的語言。

2. 問答應對

面試時要全神貫注，不要走神，認真聽面試官的每一個問題，同時給予面試官一定的互動回應，如適時點頭、說「嗯」等，表示你在認真聽，並且已經聽懂了。

如果招募單位有兩位以上的面試官時，回答誰的問題，目光就應該注視誰，並應適時地環顧其他面試官，以表示對他們的尊重。

　　作答時，眼睛要適時地注意面試官，既不要東張西望，顯得漫不經心，也不要眼皮低垂，顯得缺乏自信。回答問題不要耍花腔和故弄玄虛，不然會給面試官留下不誠實的印象。

　　如果遇到不會的問題，也不要慌張，可以找一些相關的話題作為切入點，慢慢展開，會有不錯的效果。

　　不可否認，面試回答是最讓面試者緊張的環節，許多人在做準備時重「難」輕「易」，把精力放在高難度的理論和技術知識上，而忽視了基礎性的東西和一般的答題規律，反而容易出現低級錯誤。下面是一些面試問答應對的技巧總結。

　　(1) 把握重點，簡潔明瞭。回答問題的常規思路是，結論在先，議論在後，先將自己的中心意思表達清晰，然後再做敘述和論證。面試時間有限，長篇大論既容易走題，還會引起反感。

　　(2) 條理清楚，有理有據。為了讓回答清晰，可採用分點式說明，如第一點如何，第二點如何，第三點……同時，所引用的案例或證據要有普遍性和代表性。

　　(3) 講清原委，避免抽象。回答時切不可簡單地回覆「是」或「否，而應針對面試官所提問題進行展開式回答，便於面試官對應試者進行更深入地了解。

　　(4) 確認提問內容，切忌答非所問。如果一時間未能理解面試官提出的問題，可將問題重複一遍，並先談自己對這一問題的理解，請教面試官

以確認內容。只有搞清楚問題的內涵，才能有的放矢，不致答非所問。

(5) 有個人見解和個人特色。面試官有時會將相同的問題提給不同的應試者，類似的回答也要聽若干遍。如果某位應試者在回答問題時具有個人見解，並能表現出個人特色，那麼他一定會引起面試官的注意。

(6) 不要不懂裝懂。如果遇到自己不知、不懂、不會的問題時，閃爍迴避、默不作聲、牽強附會、不懂裝懂的做法都是不對的，都逃不掉面試官的「法眼」。正確的做法是坦誠自己的不足之處，並表示會繼續學習，提高自己的綜合能力。要知道，誠實往往更能贏得面試官的好感。

3. 觀點展示

展示觀點通常在問答應對的環節做出，透過回答面試官的問題，展現自己的綜合能力和對事物的認知。但有些時候也會有額外發表觀點的機會，這是非常好的個人展現的機會，但並非所有面試者都能利用得好。

必須強調一點，情緒激動地與面試官爭辯某個問題是非常不明智的行為，冷靜地保持不卑不亢的風度才是有益的。有的面試官會專門提一些看似「無理」的問題來試探應試者的反應，如果處理不好，就容易亂了分寸，更談不上有什麼觀點展示了。

應試者無論在任何時候，都要注意語言表達的技巧，說話時除了表達清晰以外，還可以適當地插進幽默的語言，不僅能讓自己的觀點更加輕鬆愉快地表達出來，還會展示出自己的優越氣質和從容風度。尤其是在遇到難以回答的問題時，機智幽默的語言會顯示應試者的聰明智慧，有助於化險為夷，給人留下良好的印象。

應試者在闡述自己的觀點時，需要及時注意面試官的反應。畢竟求職

面試不是演講，更接近一般的交談，因此應隨時注意聽者回饋出的資訊，包括表情資訊、眼神資訊、肢體資訊和打斷資訊。一些微表情和微小的肢體動作是能反映出很多意思的，需要準確把握。面試者根據面試官的反應，適時地調整自己的語言、語調、語氣、音量、修辭，包括陳述內容，如此才能取得良好的面試效果。

面試場上的語言表達藝術，標誌著一名應試者的成熟程度和綜合素養，又因為一些面試的成功與否關係到職業前途的好壞，所以掌握面試口才是口才變現能力中非常重要的組成部分。

升職口才：從一個靠說話屢獲升遷的故事說起

有位朋友，從某民營集團裡的一名普通銷售員透過最短的時間坐到了集團副總裁的位置。他所仰仗的，除了自己不斷提升的綜合能力外，還有高人一等的職場認知和由此鍛鍊出的職場口才，並將口才變現能力完美實施，獲得了最大限度的變現。

十年前，這位朋友還只是所在集團企業的一名基層銷售員，在銷售過程中想要見到其他企業的高層甚至大老闆是絕對不可能的。

但有一次，為了談成一筆訂單，他必須要見到對方公司的最高負責人才行，連「第二把手」都無法做主。可是他的身份決定了他不可能見到，怎麼辦呢？他選擇了蹲守，就在對方公司的辦公室走廊裡等待，但恰好那兩天公司大老闆因為一些事情沒能來公司。就這樣，他一直等到第三天大

老闆才出現。

當他見到對方大老闆時，穩了穩心神走上前去，說了三句話，便吸引了大老闆和他聊了幾分鐘，然後他夢寐以求的那筆大生意就搞定了。此後不長時間他就升任他們集團的一個省級銷售負責人，繼而負責長江以南地區的銷售業務，再後來就成為集團的全球業務銷售總監，直到現在坐到了集團副總裁的位置。

對於這位副總裁而言，蹲守大老闆那件事已經過去了十年，但至今回憶起來，他仍然感慨頗多：如果沒有當初頑強蹲守的三天，就沒有如今的自己，或許至今自己仍然是一名普通的銷售員，更可能已經回到了老家，過著他們遊牧民族放羊牧馬的生活。

當然，這是他的謙遜之詞，畢竟他是名校碩士畢業，即便放羊牧馬也得是高段位的。但對於他來說，職場的真正起點，顯然就是那幾分鐘。我問過他，當時到底和對方大老闆說了什麼？他出於行業規矩的考慮沒有直言相告，但他說那次對話後的很多年裡，他們集團賣出了天量的設備，而這種設備取代了原來的進口品牌供應商。價格呢，只是進口品牌的十分之一，品質卻略有勝出。可見，當他還是個銷售員的時候，就預見性地看到了未來的市場格局，並且能夠將對未來的預見性傳遞給更有需要的人。

因此，在他與對方企業大老闆談話的幾分鐘時間裡，一定做到了想對方之所想，急對方之所急，抓住了對方內心深處最迫切，但又模糊不清的需求，並清晰地講了出來，解決了對方最核心的需求。如果讓我去猜那幾分鐘裡他究竟說了什麼，我可以總結出三句話：

第一句：告訴對方，他能為對方帶來什麼！

第二句：他憑什麼能為對方帶來他所說的！ 第三句：講出他的策略或者簡要的步驟！

這是一種治癒式的談話方式，目的是給對方帶去希望，並借助這種希望讓對方增加對自己的信任。回想一些行業資深人士和我的第一次對話，雖然內容不同，但模式類似，基本都是這麼兩句話：

第一句：我料定你一定受困於什麼問題？ 第二句：我能解決這些問題。

詳細解讀之下，第一句便是「我知道你要什麼？」第二句是「我能幫到你，但前提是你給我我要的，然後我給你你要的，如何？」非常有意思吧！這些資深人士深諳溝通之道，也明白如何通過溝通變現，將自己的利益最大化，並能幫助別人。更直接的解釋就是：你有病，我有藥，藥很貴，但很值。

這是對口才變現能力駕輕就熟的人應該有的對話方式，即治癒式的或者是互助式的交流。職場人士在企業內部，不論是與主管、平級抑或部屬交流，都要採用這種方式，即透過不斷地替別人解決問題，並在替別人解決問題的過程中，順帶達成自己的目的。表面上看，幫別人解決問題是主線，實際上達到自己的目的才是主線，只是不能把自己主角化。

想要獲得升職的機會，就要讓老闆／主管看到，你能給企業提供多大的幫助，能為企業解決哪些問題，讓老闆／主管明白，哪個職位更適合你，你是否適合更高的職位。而絕不能採用祈禱式的對話，即一味地強調自己喜歡學習，自己需要成長，自己需要同情和幫助等，因為你學習了什麼，如何成長等，老闆／主管並不關心，與他們也沒有關係。

但在現實中，一些職場人士卻經常用這種方法來與老闆／主管溝通，可想而知不會有好的效果。比如，應試者告訴面試官，「自己想要學習，想要成長，所以來貴公司面試」；再如部屬告訴主管，「自己遇到了怎樣的苦惱，自己目前正遭遇怎樣的麻煩」。這樣做的目的太明顯了，是希望獲得別人的同情，借此獲得更好的機會，實現自己的目的。但是，一個人遇見了什麼問題，歸根究抵都是自己的問題，別人沒有必然性的關心和幫助的義務，更多時候別人只是表面客套一下，關心幾句，但心思仍在自己最關心的問題上。因此，職場人士想要獲得老闆／主管的認可，不要採用「祈禱式」的對話，工作順不順、心情好不好、生活有沒有困難，一句話：「關別人什麼事呢？」

　　我們是在與人對話，不是在廟裡與菩薩對話，如果把別人當作菩薩來祈求得到什麼，那麼是不會有效果的。因為每個人最關心的都是「我能得到什麼」，而不是「別人需要什麼」，這是人性，也是人之常情。因此，此處我們模仿成功人士的口吻告訴你：不要問自己能得到什麼，多問自己能夠提供什麼！

　　一個人要改變自己的命運，要麼有資源，要麼有方法。資源無須多說，方法就是「你能帶給別人什麼」？你想要的東西，一定是你在幫助別人達到目的的過程中捎帶著實現的。這是涉及人性的道理，但並不是每個人都能時時刻刻遵守它。所以，只有少數人能藉由解決別人的問題順帶著解決了自己的問題，進而改變了自己的命運。

加薪口才：跟主管談加薪，這樣開口比較合適

升職和加薪是職場人士最關心的兩個方面，最好兩者同時到來，實現名利雙收，上一節我們闡述了升職口才，本節我們就來講加薪時，即如何講話能夠讓自己更好更快地加薪。

升職與加薪往往被合併在一起談論，但兩者又有著本質的區別。對於職場人士而言，升職是被動性的，員工可以力爭獲得升職的機會，老闆／主管在對員工進行考察後確定升職人選。加薪則有一定的主動性，即員工可以主動向老闆／主管提出加薪申請，並闡明加薪理由，由老闆／主管審核是否通過加薪申請或者確定加薪幅度。

其實，職場中的加薪多數都是由員工自己提出的，這依然涉及人性，因為老闆想的永遠是如何降低人工成本，員工則永遠希望能獲得更高的薪資。這是一對矛盾體，卻並非不可調和，雙方在博弈間尋找一個契合點，就能達成協議。

向老闆／主管提出加薪，是職場人士的必備能力，當然要結合自己的能力與付出和行業的具體情況而定，不能單純只是因為想要提高薪水就貿然向老闆／主管提出加薪，那樣只會事與願違。

通常員工向老闆／主管提出加薪應有五個前提。

(1) 自己的付出與得到的回報不相符。

(2) 自己的表現超出其他同事。

(3) 公司業績增長明顯，而你是主要功臣。

(4) 你做成的大項目為公司創造了高收益。

(5) 同行業公司、相同職位都有不同程度的加薪。

如果上述五個前提占據一個，就可以向老闆／主管提出加薪，老闆／主管也會慎重考慮。如果上述五個前提占據一個以上，向老闆／主管提出加薪就成了必需行為，大大方方地與老闆／主管溝通，直言不諱地提出加薪要求。可能老闆／主管早已做好了員工提加薪的心理準備，當這一天到來時，很可能老闆就順水推舟，欣然接受，只是需要你適時地提出申請。談加薪選對時機很重要，比如在老闆／主管心情愉快或者公司利潤大漲時，提出加薪要求，溝通氛圍會比較好，老闆／主管也更容易接受。

向老闆／主管提出加薪最好是單獨進行，不要試圖聯合其他員工的力量，更不要作為帶頭人去與老闆／主管溝通，否則不僅會激起老闆／主管的抗拒之心，還會造成鷸蚌相爭、漁翁得利的局面。

那麼，向老闆／主管提出加薪申請需要如何進行呢？主要需要通過以下三個步驟。

第 1 步：確定加薪標準需要通過老闆／主管了解清楚，要達到什麼樣的標準或績效，才能獲得加薪的資格。有標準才能有的放矢，否則無論怎麼談，都有可能達不到加薪標準。例如，某公司老闆規定，員工要達到他認可的能力後，才能加薪。看起來有標準──老闆的認可，卻等於沒標準──怎麼樣才算被老闆認可呢？如果工作時遭遇這樣的公司規定，就有必要考慮自己的職業前途了，換句話說就是要考慮是否還有必要在這樣的

公司做下去。

有些崗位的標準可以明確標出，比如銷售崗位，達到多少業績就可以加薪；但有些崗位卻無法制定確切的標準，比如文案工作，要如何界定優秀與不夠優秀呢？這類無法明確制定標準的崗位需要和老闆／主管有針對性地進行探討，但要注意場合，不能在嚴肅的場合和過於放鬆的場合，應選擇一些能夠收放自如的場合，如午休期間或者陪老闆／主管出差的路上。

在探討之前需要進行氣氛預熱，可以先向老闆／主管請教其他問題或者彙報一些事情後，順帶著提出加薪標準的問題。可以這樣問：「您說我這工作，怎樣做能從月薪 7000 元漲到 10000 元呢？我需要做哪些工作，能夠符合這個標準？」

思考一下，當提出這樣的問題後，老闆／主管會有怎樣的姿態呢？多數可能是擺出「好為人師」的姿態給你講：要做到什麼，要承擔什麼樣的責任，要解決什麼樣的問題等。這樣關於加薪的標準就一條條地列出來了，你也有了努力的方向。

第 2 步：當了解了公司或老闆／主管的加薪標準後，就可以適時討論工作表現了。可以這樣跟老闆／主管說：「在您沒說之前，我還真沒注意到這幾點，我想了想好像還算做到了。您說的第一點，我當時做了……；第二點，我承擔了……責任；第三點，我解決了……問題。」

用半開玩笑的方式，就像跟對方閒聊一樣去討論自己的工作表現，舉出一些具體的事實去論證自己確實做到了。

當然了，老闆／主管大概會說「你還沒有做到，因為……」。你可以適當舉出一些相應的工作表現去論證，當然也不要強力表現，畢竟加薪是

兩相情願的事。

第 3 步：暢談未來責任。在與老闆／主管溝通後，當你覺得不適合繼續聊工作表現這個話題時，就要主動變換話題，從對工作的憧憬和責任入手，比如，我相信您對我有更高的期許，期望通過我的努力和不斷進步，能更好地維護客戶資源，解決我們公司的……問題。我希望能在明年打造出一個明星部門，給我們公司樹立一個榜樣。

暢談未來責任與未來擔當，會讓老闆／主管正視你的努力，並在未來及時發現你的成績。這樣做等於在給老闆／主管一種暗示，提拔你或者給你獎勵，能夠讓企業獲得更大的回報。這樣，即便老闆不會當場給予獎勵，也可能會做出許諾，當你下一階段做到……標準，就會給你漲薪或升職。

通過上述三個步驟可以看出，與老闆／主管探討加薪是一件技術性很強的事，最重要的考核就是口才能力。口才能力卓越的人，能很容易地通過口才實現變現，切切實實地將口才變現為增長的薪資。此項能力尚有欠缺者，則會折戟於探討加薪的路上。總而言之，當要求加薪時，多數人一開始就輸了，主要是因為陷入了以下三個陷阱。

陷阱 1：牢騷滿腹。很多人因為很久沒能得到加薪和被重視，所以總是發牢騷，即便和老闆／主管探討漲薪時也是牢騷滿腹，抱怨自己來公司這麼久了竟得不到認可，抱怨自己經常加班卻得不到漲薪的機會，抱怨比自己晚進入公司的人的薪水已經超過了自己，抱怨公司的薪資標準在行業內排行低位……無論是哪種抱怨，只要是抱怨的情緒，漲薪就基本沒戲了。因為抱怨不但得不到老闆／主管的認可，反而因為過多宣洩負能量而被老闆／主管厭惡。

陷阱 2：祈求同情。博同情的陷阱衍生於牢騷的陷阱，認為自己付出了很多，卻沒有得到相應的回報，因此寄希望於老闆／主管的認可。甚至還有一些人還使用了賣慘的招數，說自己的家庭如何困難，說自己如何懷才不遇等。但又能怎樣呢？如果未能給公司創造更大的價值，依然不會得到漲薪的機會。

陷阱 3：威脅逼迫。有些性格較強勢的職場人，會選擇威脅老闆／主管，如果不給自己加薪，就曝光主管的競爭黑幕；如果不給自己加薪，就辭職帶走客戶⋯⋯

這種方式也許會讓一些老闆／主管暫時服軟，但對方一定會想辦法擺脫這種局面，重新掌握主動權。到時就會發現，當初對別人的威脅變成了捆綁自己的枷鎖。所以，一定不要用這種惡劣的方式去跟老闆／主管談加薪。

其實，並非所有老闆／主管都不願意給員工加薪，如果能充分認識到員工的價值，發現某位員工的薪資與能力並不相匹配時，老闆／主管也是緊張的，畢竟人才難得，不能讓人才因為不公平的待遇而離開。所以，是否該提出加薪，在什麼時間段提出加薪，老闆／主管能否同意加薪，關鍵在於員工解決問題的能力和創造更大價值的能力，能力到了，貢獻到了，價值到了，加薪只是水到渠成的事。

彙報口才：你應該這樣向老闆彙報工作

很多初入職場的人認為，只要自己努力工作，老闆就會看在眼裡。當然有這樣的可能，但現實更多的卻是一些人非常能幹，但並未得到重用，因為老闆沒看見這些人的努力。不能怪老闆有眼無珠，畢竟老闆每天的事情很多，沒有更多精力去了解員工，只能通過與員工的偶爾接觸或員工的工作業績進行了解。因此，與其讓老闆來發掘自己，不如自己主動搭建一條更容易讓老闆發現自己的路徑。

這條路徑就是向老闆請示與彙報工作，這是加強和構建與老闆關係最重要的途徑，因為只有請示與彙報時，員工才能與老闆有言語的溝通，老闆才能知道員工做了什麼，當前的工作動態如何，也才會對彙報工作的員工有所了解。了解是建立後續關係的基礎，有了了解才會慢慢產生信任，有了信任才會將更多資源有目的地向信任的人傾斜，這是環環相扣的過程。

職場中口才變現能力的主要實施對象就是老闆，老闆掌握著員工晉升的通道，在一定程度上把控了員工未來的發展。如果能通過有限的機會將工作成績呈現給老闆，就會有更大機會得到老闆的重視與認可，未來的職場之路也會走得更加順暢。

那麼，究竟要如何向老闆彙報工作呢？可以總結為以下幾點。

1. 掌握彙報時間

老闆一般都比較忙碌，可能不經常在公司，因此向老闆彙報工作需要找好時間。比如，不能在老闆著急處理某件事情時，也不能在老闆準備出去辦事時，更不能在老闆接待重要客人時。

一般情況下，在確定老闆的辦公室沒人時，且老闆暫時也不可能有什麼緊急工作的時候去向老闆彙報工作，是最好的時機。還有一個時間點可以重點關注，就是公司快下班的時候。如果當天老闆在公司，說明老闆那天的時間比較充裕，也能和員工一起下班，此時和其彙報相關的工作，不僅體現出自己的工作效率，還能讓老闆在比較輕鬆的狀態下認真傾聽。

有一種例外情況，就是事態緊急，必須立即彙報，而老闆恰好要出去辦事或正在接待客人。前者情況可以趕在老闆出去前彙報完畢，畢竟是緊急的事情，老闆不會感到反感；後者則應該先徵得老闆的同意，是否暫時擱置接待，先完成彙報工作。

2. 注意彙報順序

老闆都很忙，沒時間聽你碎碎念，因此彙報的最佳順序是：結論優先，理論在後。

先告訴老闆要說的是什麼事，老闆需要重點了解什麼，需要配合什麼或者給予什麼支持，比如是要老闆審批資源，還是要讓老闆確認方案，抑或是要讓老闆做出決策等。最常見的方式是開門見山，用一句話說明結論。這樣老闆能立刻知道你的目的和想法，不需要額外花心思去總結和猜測。這樣做的另一個好處是以點帶面，逐步具體。彙報工作需要抓住一條

主線，即本企業工作的整體思路和中心工作。將主線展開後，可分頭敘述相關的做法措施、關鍵環節，以及遇到的問題、處置結果和收到的成效等。

3. 突出彙報重點

任何一項工作都有重點，把握重點意味著抓住了工作的要害，這些要害問題往往關係著企業的重要利益，主管也會重點關注這些問題。彙報時必須抓住重點工作過程和典型事例加以分析、總結和提高，建議每次只突出一個重點，最多不要超過三件事，這樣有利於主管釐清思路，迅速決斷。

如果還不會抓重點，可以遵循「二八法則」，即彙報的內容中的 20%

是重要的，餘下的 80% 可能是一些資料和輔助資訊。當在彙報開始說明了結論後，接下來要挑出 20% 的重要內容按照一定的邏輯順序分要點說明，剩餘的 80% 的輔助性內容有必要的可以簡要說明，沒必要的可以一語帶過。

4. 講究彙報技巧

每個人都喜歡聽好聽的，老闆也不例外。如果此次工作彙報中，既有好消息，也有壞消息，那麼要盡可能先彙報好的結果和過程，先讓老闆心情愉快，再彙報存在的問題，最後彙報負面性的疑難雜症。在彙報問題和疑難雜症時，一定不要推過攬功，該是誰的責任就是誰的責任。且在彙報過程中要附帶上應對措施和方案，這樣不僅能讓老闆看到你認真的態度，還能從措施和方案中發現你的能力，最重要的是為公司解決問題提供了具體思路，並節省了時間。

5. 保持開放的心態

很多人對於彙報工作存在誤解，即將彙報工作當作和老闆辯解的機會，極力想要在老闆面前說明自己的方案或動機，結果站在了老闆的對立面，忘記了彙報工作的初衷。

向老闆彙報工作，主要目的是獲得老闆的認可與支援，而不是和老闆對抗。想要闡述自己的理由，也不能只顧著說自己的事情，還要學會主動提問，積極跟老闆互動，並聽取老闆的建議。比如：「對於這一點，您看這樣安排合適嗎？」「現在的方案，您認為還有哪裡需要調整？」「關於……問題，可以先嘗試……做嗎？」保持開放的心態，才能容得下他人的不同意見，何況這個「他人」還是老闆。常言說得好「辦事不由東，累死也無功」，和老闆對抗，對了也是你的錯，錯了你會更慘。

作為職場人，必須明白一個道理，作為公司的創始人和領路人，老闆的單項能力可能未必強於員工，但綜合能力毋庸置疑是公司最強的，且經驗也最為豐富。員工在與老闆交流時，必須保持開放心態，積極互動，才能從老闆身上學到對自己有益的東西，也會對自己未來的職業生涯產生諸多益處。

6. 明確自己的需求

這次彙報工作，希望從老闆那裡獲得什麼支持呢？在彙報工作的開頭結論裡，要明確表達自己的需求。一些職場人士總是不願意對老闆提出需求，擔心自己提需求會遭到老闆的不滿。因此，在尚未提需求時，就自己嚇退了自己。可是，工作中是一定會產生需求的，如果在應該得到老闆支援的時候得不到支持，就不能完成工作，那樣才真的會讓老闆不滿。

而且，對於從來不敢提需求的員工，有能力的老闆會認為這樣的員工不夠自信，而不自信就說明能力不夠。

　　其實，彙報工作好比臨門一腳，平時工作努力加上懂得彙報工作，才能獲得老闆的重視和認可。

與同儕溝通的口才：通過溝通，讓同儕同事理解和支持你

　　古代寓言故事《偷斧頭的人》講述了一個人丟了斧頭，便懷疑是鄰居偷的。他接著不斷觀察鄰居，發現鄰居的走路和講話方式都顯得異常，每一個動作似乎都在表明「是我偷了斧頭」。後來，他在山谷裡找到了自己的斧頭，再次看到鄰居時，發現鄰居走路和講話都恢復正常，一點也不像偷斧頭的人了。

　　這個故事看似與同事間的交流無關，但其實能反映出同儕之間因缺乏溝通而容易引發的猜忌。在現實的職場中，確實常見同儕間互相猜疑、彼此拆台的情形。由於同儕之間缺乏直接的隸屬關係，競爭關係相對更顯著，個人往往更注重自己的利益和價值，忽視了他人的利益和價值，從而也更傾向於把責任推給別人，自己則保留利益。

　　有鑒於此，我們提出一個問題：在與主管、同事、部屬進行溝通時，最難的是哪一個？感覺好像是與主管之間，但實際操作後發現卻是和同事之間。因為上下級之間有權力約束，如果自己是部屬，會對主管保持尊重，

如果自己是主管，部屬也會給予尊重。但同事之間沒有權力約束，溝通雙方（或各方）可以各自為王，誰也不會讓著誰，誰也不會照顧誰，因此溝通時經常會陷入僵局，如果再涉及利益關係，那麼溝通就直接進入了死局。這就是很多人感慨的同事間溝通難的原因。過往只重視對主管的溝通，導致同事溝通口才能力欠缺，嚴重影響了自己的職業生涯走向，也讓口才在同事這層面上成為「不可能」。

與同儕同事溝通，既不能以「讓對方聽話」為目的，也不能以「自己主動退讓」為前提，而是要在地位平等的基礎上進行互動性溝通，爭取獲得同儕同事的理解與支持。下面，是總結出的同儕溝通的幾個關鍵點。

1. 出現問題，不要只找對方的錯誤

在工作中，要做到完全沒有錯誤是非常困難的，即使管理再細緻，執行再認真，偶爾也會出錯。如果在與自己相關的工作階段出現了問題，該怎麼辦？不能只從他人身上尋找原因，也不應只從自己身上尋找原因。通常一個錯誤的出現，往往是因為多個環節都出現了問題，最終導致錯誤的累積爆發。

僅從他人身上找原因，不僅無法解決問題，還可能使問題變得更嚴重，讓錯誤持續未被解決。而只從自己身上找原因，也不能有效解決問題，因為其他可能犯錯的人沒有機會進行反思和改正。當問題發生時，我們應避免推諉責任，不應該說像是「要不是你們部門……客戶才不會流失」或「要不是你……這件事怎麼會搞砸」這類無益的抱怨。相反，我們應該進行自我反思。列寧曾說：「當一個人開始自我反思時，他將進入一個偉大的起點。」及時反思自己或自己部門存在的問題，有助於在未來的工作中不再

犯此類錯誤。

2. 主動溝通，主動與他人合作

在這個世界上，所有的矛盾、衝突和爭議，往往都是由一些看似不重要的小事引起的。由於缺乏及時的溝通，這些小事最終累積成大問題，甚至變成難以跨越和推翻的高牆，將人們分隔成不同的陣營。

在企業內部，部門間的隔閡本就存在。如果溝通不暢，這些隔閡將變得更加固化，高聳入雲、密不透風。因此，為了工作能更加順利，我們必須積極主動地溝通。在有具體事項時，應該針對事情本身進行溝通；在平時，則應該透過溝通增進彼此的感情。

在職場上，無論是個人之間還是部門之間，合作都是必不可少的，因為只有通過合作，大家才能實現共贏。與同事溝通時，應該帶著讓對方獲益的心態去交流和協作。當你真誠地幫助他人時，通常他人也會加倍回報你。吸引力法則也說明了這一點：當周圍的人都希望你成功時，整個宇宙似乎也會促成你的成功。因此，在與同事或其他部門溝通時，常常應該問「你覺得我應該如何配合你？」或者「你覺得我們部門應該怎麼配合貴部門以達到更好的協作效果？」。

3. 態度謙卑，切忌搬主管來壓人

有句話說：「人生處處是考場，事事皆考題，人人為我師。」這句話道出了一個事實：我們生活中遇到的每一個人都可以成為我們學習的對象，我們身邊的每一位同事都有值得我們學習的優點。在與同事溝通時，我們應該尋找並欣賞對方的長處，並以謙卑的態度向他們學習，主動請教並放低姿態。同事之間常會出現溝通不順的情況，此時可以透過進一步溝通，

逐漸解決。切記不要跑到主管（自己的主管或對方的主管）那裡去告狀，這種做法只能顯得「原告」很無能，連工作中的正常溝通都做不好，居然還要主管出面壓制對方。而且，如果主管出面解決了問題，將來的溝通會更加不順暢，沒有人願意和一個動不動就打小報告的人合作。

總之，與同事溝通相對比較困難，需要更多的耐心和技巧來達到有效溝通。但一旦能夠遊刃有餘地溝通，你會發現透過溝通能夠達成的目標大幅擴展，自己的職業生涯也能獲得顯著的提升。

與部屬溝通的口才：讓「有效溝通」成為管理過程中的核心

沒有任何主管不需要與部屬溝通，只有有效的溝通才能增強部屬的執行力，使工作更加順利，並改善上下級的關係。然而，許多主管並不重視與部屬的溝通，認為只需下達命令，部屬只需要服從執行即可。因此，在實際工作中，有些領導者的部屬工作效率極高，而有些則相反。這真的能將所有責任都推給部屬嗎？顯然不行，畢竟部屬的工作效率很大程度上取決於主管的領導方式。領導得當，部屬能力就強；領導失策，部屬能力也會受限。那些只知發號施令，不知如何與部屬溝通的領導者，其領導力無疑是有限的，其部屬的工作能力也將受到影響。相反，那些懂得與部屬溝通的領導者，其部屬的工作能力也會在有效的領導下逐漸提升。因此，主管與部屬之間不應僅有命令的關係，而應建立有效的溝通關係。主管需要將溝通技巧融入到領導工作中，以提升整體工作效能。

與部屬溝通可以分為兩個主要部分：一是了解部屬的期望，二是掌握與部屬溝通的關鍵點。

　　1. 了解部屬的期望

　　在與部屬互動時，作為一個稱職的主管應該努力保持冷靜，避免過度苛求或偏袒任何一方，並以積極主動的態度去了解部屬對自己的期望。一般來說，部屬對主管的期望主要集中在以下幾個方面。

　　(1) 一視同仁。不能因個人喜好或親疏關係而對部屬有所偏頗，應該從企業和部門的角度出發，針對事情本身來進行評判和處理，而不是根據人來做決定。

　　(2) 辦事公道。秉承公平、公正和人盡其才的原則調配部屬，力爭讓每個人都有好的表現機會。但公平不是平均主義，而是在分配工作時做到獎罰分明，在分配利益時做到公正無私。

　　(3) 理解關心。部屬各有自己的工作與生活方式，作為主管的你應該學會傾聽並理解部屬的想法和感受。當部屬面臨實際困難時，應協助他們調整心態，並在工作上給予更多的支持和協助。

　　(4) 不擺架子。在工作中少用命令，多用商議的口氣，如「我們這樣做是不是會更好」。在與部屬交談時也要掌握分寸，不要處處都想彰顯領導權威。作為主管，是否在部屬心中有威嚴，需要透過實力去彰顯，而不是頤指氣使的態度。

　　(5) 徵求採納。作為主管必須明白，自己不是無所不知、無所不能的，在一些情況下也需要向部屬請教，徵求他們的意見，並採納合理的建議。

　　(6) 目標明確。作為主管，最重要的能力就是能明確制定目標，目標明

確了，工作才好做，獎懲也就有了依據。

(7) 命令準確。不夠精確的指令可能導致誤解，使得執行者對命令的理解發生偏差，進而在執行過程中增加犯錯的機率。因此，作為企業中的領導層，下達命令的準確性應該要像機場的空中交通管制員對飛行員發出的指令一樣精確無誤。

(8) 及時指導。工作中，部屬有時候希望獨立完成工作，有時則需要主管的指導。在這種情況下，主管應該適時提供指導，這不僅展現了對部屬的關心，同時也具有現場培訓的效果。

(9) 榮譽加身。每個人都需要經濟上的支持和精神上的認可。作為主管，絕不能私吞榮譽，而應將經濟獎勵和榮譽獎勵與部屬共享。畢竟，自己的成就是建立在團隊支持的基礎上的。此外，團隊中人才濟濟也反映了自己的領導才能，對自己未來的晉升同樣有益。

2. 掌握與部屬溝通的要點

必須在了解了部屬對主管的期望後，才能進一步闡述與部屬溝通的要點。下面將與部屬溝通需要掌握的要點列出，供大家學習參考，讓大家的溝通更加高效。

(1) 站在部屬的角度考慮問題。設身處地，將心比心，大家心意相通，道理也就相通。作為主管，在處理問題時應該換位思考，例如在要求部屬完成某項工作時，不應該單純下達命令，而應該考慮到部屬實際上可能遇到的困難，並清楚解釋道理，確保在必要時提供部屬支持。此外，也可以讓部屬暫時處於領導的位置，表達自己的困難，關注部屬的重點，這樣的

溝通更有可能成功。總之，主管若能站在部屬的立場，幫助部屬解決問題，部屬自然也會為領導分憂解難，共同努力來提高業績。

(2) 多激勵，少斥責。作為主管，應該適時地給予部屬鼓勵和肯定，讚揚他們的特定能力。當部屬對某項工作任務感到不滿意時，主管不應該強迫命令，而可以這樣表達：「我知道你現在非常忙碌，可能很難抽身，但這件事真的只有你能解決，我對其他人沒有信心，經過考慮，我還是覺得你是最適合的人選。」這樣的溝通方式能有效地讓部屬感受到被重視，巧妙地將他們內心的抗拒轉變為接受。

(3) 經常談心，增強凝聚力。每名部屬都希望得到主管的重視和認可，這是一種基本的心理需要，因此主管經常找部屬談心有助於形成群體凝聚力，對於高效完成工作非常有幫助。談心的面可以很廣泛，比如可以談工作，談生活，談發展，談理想，談個人，談觀念等。經常找部屬談心，可以及時掌握部屬的心態和情緒變化，以及工作的情況。

(4) 主管應該是部屬的朋友。領導者的說服工作，在很大程度上是情感的征服。感情是溝通的橋樑，即便是主管說服部屬，也不能以權壓人，而要以理服人、以情感人，和部屬間架起情感的橋樑，才能順利攻破部屬的心理堡壘。主管與部屬溝通時，要讓部屬感到主管並不抱有任何個人目的，而是為部屬的切身利益著想，真心實意地在幫助部屬。

總之，主管與部屬溝通，必須要拉近心與心的距離，產生「自己人」的效應。溝通是情感傳遞的紐帶，讓有效溝通成為貫穿管理全過程的主旋律和完成集體目標的主體力量。

與客戶溝通的口才：最重要的是開場白和結束語

我們從面試一路走來，到與主管、同事、部屬溝通，都是在與企業內部人員進行溝通。現在需要將溝通的範圍擴大，與企業外的客戶進行溝通。

企業內與客戶溝通的主體是管理人員和銷售人員，尤其是銷售人員會長時間與客戶打交道。為了能與客戶達成合作，銷售人員會絞盡腦汁，不僅從產品的品質、定價、數量等方面給客戶帶去價值，也要對與客戶打交道的其他方面進行精心設計，爭取讓客戶無限接近百分之百的滿意。無論是怎樣的設計，都需要藉由溝通能力來實施，否則環節設計得再好，語言表達不到位也無法達到預期的效果。

與客戶溝通是「持久戰」，從第一次接觸客戶，到後續的談判、合作、服務等，時間跨度非常大，有的客戶還成了企業的終身客戶，溝通也將一直持續下去。限於篇幅，本書不可能將與客戶溝通的全過程都講解一遍，我們挑選最重要的部分進行重點講解。

與客戶溝通最重要的部分是開場白和結束語，因為人們在溝通時更容易記住最開始和最後發生的事情，銷售也是如此。下面對這兩個部分進行詳細的講解。

1. 對變現有重大影響的開場白

在與人接觸時，第一印象非常重要。我們可以回想自己第一次與別人接觸的情景，哪怕以後接觸了很長時間，但腦海中仍然會留存對對方的第一印象。很多時候，如果對別人的第一印象差，就不會有後續的接觸了，因為沒有人願意再花時間去了解別人。

與客戶接觸更是如此，本就是有利益關聯的對立方，彼此都帶著幾分戒備，如果第一印象直接垮了，後續能達成合作的概率就會大幅降低。因此，銷售人員將與客戶第一次接觸的開場白視為口才變現的核心關鍵，做好這個環節將為未來的接觸與合作打下良好的基礎。那麼，要如何設計與客戶首次接觸的開場白呢？

(1) 關注客戶需要。只有產生關心，才能產生關係。喬吉拉德被譽為「隨時隨地都能向任何人銷售任何產品的傳奇人物」，他成功的秘訣之一就是真誠地關注客戶的需求。在與客戶溝通時，要有一個好的開場白，首先必須了解客戶的需求，然後迎合他們的喜好，吸引客戶主動與你溝通。

(2) 讓客戶感受到足夠的熱情。熱情是有效溝通的啟動鍵，銷售人員對產品的熱愛程度和對客戶的熱情程度，都將影響客戶的決定。那些頂尖的銷售人員之所以能成功，就在於他們在任何時候、任何情況下都具有感染人心的熱情。

(3) 清晰地表達觀點。開場的熱情寒暄之後，就將步入正式的開場白。切記，不能過於冗長，也不能不分主次，要用最清晰、最簡明的語言使客戶獲得其想要知道的關鍵資訊。

(4) 不可直奔主題。有些銷售人員因為急於要表達銷售意圖，便會在與客戶見面後就急於發動銷售攻勢，甚至言語間出現錯誤，影響後續溝通。雙方剛開始接觸，客戶此時更想了解關於企業和產品的資訊，而不會迅速做決定。銷售人員要在最開始時對企業和產品的關鍵資訊進行簡要介紹，待使用者對企業和產品有了一些了解後，再進行後續的深入溝通。

(5) 不可長篇大論。無論是開始溝通還是後續溝通，都不要在與客戶的溝通中長篇大論地發言，以免引發客戶的反感。而是要在熱情簡潔的開場白後，認真聽取客戶對產品的看法及要求，這樣才有利於後續展開有針對性的溝通。

開場白並非只是與客戶會面後的第一句話或前幾句話，而是與客戶會面初期的一系列行為和語言的總和，包括得體的服飾打扮、穩重的舉止狀態、對客戶的尊重、積極的心態和對客戶狀態的觀察。

2. 對變現有挽救作用的結束語。

需要先釐清一個觀念：結束語並不意味著溝通的完全結束，而是暫時的停頓。把結束語視為下一次溝通的提前開始是非常貼切的，特別是在第一次溝通的結束時，它的作用尤其重大。一個良好的結束能夠讓下一次的溝通更加流暢，並且極大地減少出現「一次性客戶」的情況。奠定再次溝通的基礎。第一次與客戶的溝通效果是非常薄弱的，因為客戶需求還不能準確全面地挖掘，還需要持續跟蹤進行溝通，才能獲得客戶的信任。所以，要更加重視第一次溝通的結束語，可以說一些略帶恭維和誇獎的話，爭取最大限度地給客戶留下深刻印象。比如：「很高興認識你，跟你深談讓我

學到了不少，感謝你的耐心解答，期待下次跟你的會面！」「我對 ×××領域也很感興趣，下次如果方便的話，期待能一起交流，既感謝又非常期待！」

(1) 靈活改變資訊傳遞的方式。與客戶溝通一定要靈活，資訊內容雖然是固定的，但傳達資訊的方式是多變的。銷售要學會根據不同的客戶改變資訊傳遞的方式，但也要保證資訊內容是一致的。像這種沒有事先約好，而是主動登門或透過電話銷售的方式，想向客戶傳遞資訊並不容易，遭遇拒絕的情況時有發生。因此，當察覺到客戶要拒絕時，可以改變自己的目標，趨利避害地扭轉溝通方向，使溝通內容更有利於自己。比如，當客戶拒絕後，不要直接對客戶說「很抱歉打擾您的時間了」，而是改成「非常感謝您能給予我這個機會，祝您工作順利」，這樣會給客戶留下深刻的印象。

(2) 學會感謝客戶。與客戶溝通時，如果有些想法和客戶達成了一致或是得到了客戶的認同，一定不要吝嗇自己的感謝，可以向客戶說些表示感謝的話，既讓客戶感受到誠意，還可以讓客戶認真考慮你的提議。比如，「非常感謝您的認可，您的支持就是我工作的最大動力，我一定不辜負您的信任」。

總之，結束語是要為下一次的開始做鋪墊，爭取更多機會。態度積極的結束語既可以給客戶留下深刻印象，也可以給自己帶來更大的回報。

第六章
領導者的口才變現：激勵團隊成員
投入事業，為員工解決問題

　　領導者的口才能力，不應只體現在「命令」上，畢竟只會發號施令的領導者並不是一位真正合格的領導者。領導者的口才能力應體現在帶領部屬更快、更多、更好的變現上，即讓部屬明白跟著領導者拼事業可以為自己帶來諸多收益，讓部屬在不斷獲得收益的同時，超額完成工作。

與主管溝通的口才：善於向上溝通，有事半功倍之效

　　主管與部屬之間的關係既是領導與被領導的關係，也應是相互合作的關係。

　　美國人力資源管理學家詹姆斯‧科爾曼指出：「員工是否能得到晉升，很大程度上取決於主管對你的賞識程度。」這句話清楚地表明，主管是否重視下屬，不僅取決於個人的工作能力，還受到許多其他因素的影響。其中，能否恰當地與主管溝通，是一個非常關鍵的因素。在與老闆或主管互動時，什麼該說、什麼不該說、何時說什麼，都需要細心考慮。

應該說什麼，不應該說什麼，什麼時候該說什麼等，都是有講究的。

作為職場人士，與主管溝通的口才能力在一定程度上決定了一個人職業生涯的走勢，這也是口才變現能力的最直接體現之一。因此，與主管溝通需要做到以下六個「要求」。

要求1：理解主管，增進溝通的效果。應該努力了解主管的背景、工作風格、生活習慣、個人興趣、職業目標、家庭狀況等各方面。接著，根據主管的個性、品質和特點來決定溝通的方式。

主管也有被了解的需要，也同樣需要感情的慰藉。因此，要取得主管的信任和支持，除了靠能力，靠業績，還要靠有效地與主管溝通，靠在工作和日常相處時給他留下好的印象，而這都需要高超的口才變現能力。

要求2：尊重主管並維護主管的領導形象是非常重要的。領導形象對於有效的管理執行是關鍵因素之一。因此，主管期望部屬能自覺地保護其領導形象。每個人都有自尊，特別是主管層，所以部屬應隨時注意維護主管的尊嚴和權威，展現對主管的尊重。比如，在有主管出席的會議上，不要提出主管不了解的新情況，而應事先將情況告訴主管。比如，在主管尚未做出決定之前，部屬可以表明自己的看法，提出建議，一旦主管做出決定，就不要再堅持己見。比如，當主管情緒激動地批評部屬時，部屬不要爭辯，即便不是自己的過錯，也要等到主管心氣平和之後再找時機加以解釋，這是一種禮貌，展現了對主管的尊重。

要求3：擺正關係，溝通過程中做到「四適」。與主管溝通要做到適時、適地、適事、適度。

適時：與主管溝通要恰當地選擇時機，如主管正在忙碌、身體不適或

心情不快時，都不要與其進行溝通。

適地：與主管溝通要看場合。工作上的事務，要在會議或公眾場合提出；對主管個人的建議，應選擇私下場合進言。

適事：與主管溝通要因事而論。重大、緊急的事務要及時彙報，一般事務要在主管閒暇時彙報，無關緊要的事務不要向主管彙報。

適度：與主管溝通的頻率和力度都應有度。不應遇事就找主管請示，也不能凡事都不向主管請示;溝通的力度不應過於強硬，也不應過於軟弱，只需要擺正心態，將涉及的事情說清楚。

要求4：恰當交流，密切關係社會心理學研究認為，交往頻率對建立人際關係具有重要作用，不與主管主動交流，甚至採取迴避態度，很難與主管的認識取得一致，更談不上相互之間的支持、協調和配合。因此，部屬應積極主動地與主管交談，逐漸消除彼此間可能存在的隔閡，使上下級關係更加融洽。

部屬與主管溝通，需要對主管保持尊重，但不能因為過於謙卑而變得自卑，應在保持獨立人格的前提下，以不卑不亢的態度，從工作出發，談事實，講道理，與主管進行誠懇、得體的溝通。

想要密切與主管的關係，不能靠馬首是瞻的拍馬屁方式，而應採取有理有據地讚美主管優點的策略。最好是在無所求的情況下說出讚美之詞，以避免有恭維討好之嫌。讚美主管要注意說話的態度和表情，言語謹慎，要表現得像朋友一樣。讚美主管的優點要盡量具體化，用語越詳實具體，越恰如其分，越能體現出真誠和可信。

要求5：多說建議，少提意見。雖然兩者看起來很像，但應用在具體

場景中卻是完全不同的含義。提建議，是站在和對方相同的立場上解決問題；提意見，是站在和對方相反的立場上進行批評和指責。

主管也是人，也會有出錯的時候，遭遇這種情況應該怎麼辦？是將錯就錯地任由事態惡化，還是不管不顧地直接給主管糾正錯誤？兩種方式都不對，正確的方式是既要指出錯誤，又要保留對主管的尊重。

《左傳》中有言：「獻其可，替其否」，意思就是建議用可行的方法去代替錯誤的方法。具體到工作中，正確的做法是單獨與主管進行面對面的溝通，提出合理的建議，並與主管一起商討建議的可行性。

注意，提建議時最好不直接點破主管的錯誤所在，也不要替主管做決定。成功學大師戴爾·卡內基說過：「如果你僅僅提出建議，而讓別人自己得出結論，讓他覺得這個想法是他自己的，這樣不是更聰明嗎？」

要求 6：避開禁忌，促進職場進步。在與主管溝通時，有些人可能會不自覺地使用不當語言，這會嚴重影響溝通的效果。以下列出一些需要特別注意的語言禁忌，希望能為大家提供參考。

無論私底下和主管的關係有多好，都要記住在工作中必須保持工作關係，不要忘記，而違反原則。

(1) 回答主管提問時不要說「嗯」「隨便」「都行」「可以」這類不冷不熱的話。也許你覺得這沒什麼，但在主管看來就會覺得這樣的部屬不懂禮節，且不把工作當回事。

(2) 主管將工作分配下來，不要上來就說「不好辦」「有困難」，一方面會讓主管下不了台，另一方面也顯得是自己在推卸責任。

在職場中，要想與主管進行有效溝通，需要有較強的語言表達能力，

因此必須要好好磨練語言技巧。一個會說話的人不僅在職場中受歡迎，在其他任何地方都會受歡迎。

提高說服力：領導者的重大課題

說服是做好領導工作的一項基本功，說服力是領導者綜合素質和能力的重要組成部分。說服，就是用理由充分且不帶有個人感情色彩和偏好的話令對方心服。

提高說服力是現今領導者必須要面對的重大課題。這句話的提出，源於對現實的思考和對現狀的了解。從領導科學的角度看，領導者主要面臨著四大變化，即領導環境、被領導者、領導目標和領導方式的變化。因此，提高說服力，是領導者適應當下現狀的技能。

(1) 領導環境的變化。當今世界正處於大發展、大變革、大調整時期，世界多極化和思想多元化趨勢不斷發展，以說服力為重要組成部分的文化軟實力之爭更加激烈。作為領導者，不能陷入「老辦法不好用，新辦法不會用」的被動中，只有提高說服力，才能有效應對經營管理過程中遇到的各種問題，妥善處理不同利益群體間的關係。

(2) 被領導者的變化。初入職場的「00後」被冠上了「整頓職場」的名號，雖然是玩笑，但也反映了被領導者的變化。在過往的時代裡，被領導者處於絕對弱勢地位，但隨著全民文化水準的提升，被領導者的文化素質得到了整體性的提高，其參與社會事務的能力在不斷增強，利益訴求越來越多，社會

成熟度越來越高，信任盲從越來越少，獨立判斷能力越來越強，因此對於領導者的領導方式有了自己的見解，不再唯命是從。被領導者的這些變化都要求領導者深刻尋找與部屬溝通的共同語言，用強大的說服力，把問題解決在萌芽狀態，把矛盾化解在源頭。

(3) 領導目標的變化。領導目標也是領導者必須肩負的責任，是不斷變化的，原來的任務完成了，新的任務又來了，需要再次就具體任務做說明工作和就具體困難做說服工作。特別是在具體任務與部屬具體利益相衝突的時候，亟待領導者運用說服能力進行協調。

說服力自古以來就是重要的領導技巧。像是古代的蘇秦和張儀，擅長運用口才來說服人；諸葛亮的舌戰群儒也是一場出色的「一對多」說服戰；再比如于謙在政治危機中以「社稷為重，君為輕」的策略，成功挫敗敵對勢力的陰謀，保全了大明的江山。隨著時代的進步，說服力也在不斷進化。特別是在當今社會的快節奏和網絡化特點下，領導者需要開拓更多元的說服管道，豐富說服手段，創新說服方式，應用更符合時代和科學性的方法來說服部屬。

領導者沒有說服力，不只是語言問題，而是缺乏進取心；不只是能力問題，還可解讀為缺乏擔當。領導者培養說服力，需要做到下面三個「以……服……」。

(1) 以事服人：說服包括「問」、「聽」、「說」、「服」四個階段。評估說服的效果並非取決於說服者的職位高低、講話的時間長短或語氣的強度，而是看說服的實際成效，即是否能夠通過說服解決問題。領導者如果想要以事實來說服人，就必須積極詢問部屬的需求和建議，並致力於執行對部屬有益的實際行動。

(2) 以理服人：「即使是好東西，也需要解釋清楚」，只有清楚講解道理，才能讓人心服口服。領導者在解釋道理時，必須對自己的理論有信心，實現「真正理解」「認真學習」「實際應用」，並妥善處理自信與賦予他人信心之間的關係。領導者需要對問題的本質和規律有準確的把握，以法律和規則來勸說他人，這樣才能避免「被動說服」或「無效說服」的情況發生。

(3) 以德服人：領導者應以高尚德行為準則，始終保持高尚的底色，將自己樹立為德行的榜樣，以榜樣的力量增強說服的效力，再輔以蓬勃的朝氣、昂揚的銳氣和浩然的正氣，為說服增添砝碼。

領導好口才的標準：溝通、引導、激勵

根據國內一份溝通培訓材料顯示，許多團隊中的中高層領導最缺乏的是口才能力，更精確地說是利用口才的表達能力。培訓報告指出，一名稱職的領導者，口才表達能力應佔其綜合能力的 80%，其他所有能力加起來只占 20%。為什麼比例差距這麼大呢？因為其他所有能力的展現都需要透過口才來實現。如果一位領導者的口才能力不足，就意味著與部屬的溝通不充分，無法有效地引導工作，也不能清楚地表達應該鼓勵或懲罰的事情。一個這樣的團隊如何能展現戰鬥力？又如何能在激烈的商業競爭中立足呢？可以看出，作為領導者，口才表達能力的強弱直接影響了其領導的團隊實力。

作為一名優秀的領導者，必須要有出色的口才。好口才的標準一般有

三個方面，即溝通能力、引導能力和激勵能力，三者合一才能將口才變現能力發揮到最好。下面，針對領導者好口才的三個方面逐一進行詳細解釋。

1. 溝通能力

領導者溝通能力的強弱，能在一定程度上決定企業的整體效益。但是領導者必須要注重如下三個方面的培養，才能減少工作中的矛盾，得到員工的支持。

(1) 溝通應以誠信做基礎。任何溝通，雙方都必須尊重溝通過程和溝通結果。如果對溝通的過程不滿意，可以在適當時候提出來；如果對溝通的結果不滿意，可以約定時間再次溝通；如果是敷衍式溝通或者對溝通結果沒有遵守的誠意，則溝通註定失敗，將來的溝通也會留下「惡質化」的不良基礎。

(2) 溝通應事先做好準備。與員工溝通的基本目的是進行意見交流和增進相互了解，因此，領導者應在與員工溝通前做好收集資料、意見構思、表達技巧等的準備工作，才能在溝通過程中站在員工的角度思考問題，讓溝通的內容更具合理性，也更有利於對員工的說服。

(3) 溝通必須掌握傾聽原則。既然是溝通，作為領導者的一方必須具有聽取員工意見的度量，而不是簡單地下命令讓員工服從。

2. 引導能力

領導者應該引導員工積極為企業發展建言獻策，員工的建言重要性和對組織創新的積極作用，已經被充分證明。那麼，領導者應該從哪些方面引導員工呢？

(1) 增強員工對領導者的信任。領導者應多關心員工、尊重員工和了解員工，具體有三個方面：①善於發現員工的優點，積極鼓勵、引導員工發揮各自長處；②對員工提出的意見和建議積極回應，即使沒有價值，也不能批評；③對待員工要公平、公正，與員工對話的語氣要平和。

(2) 建立檢驗激勵制度。制定激勵制度的過程就是一個宣傳制度的過程，領導者必須向所有員工解釋制度，並就制度中的有關激勵條款向所有員工徵求意見，保證每一名員工都能了解制度，並在適當的時候具體實施。

3. 激勵能力

通用電氣集團最年輕的 CEO 傑克·韋爾奇說過：「一名優秀的管理者，要始終把激勵員工放在第一位。」

領導者激勵能力的最大表現，是當眾講話對部屬進行激勵。當眾講話屬於公共場合的溝通。如果一位領導者在大眾場合講話沒有鼓動性，言語平平、淡而無味，甚至連基本的條理性都沒有，那麼這位領導者在員工心裡的威望就會大打折扣，因為領導者對於員工而言就是能力的象徵。

領導者當眾講話，能起到振奮士氣、激勵部屬，達到統一思想、統一步調的作用，有利於形成一股強大的向心力，使員工以滿腔的熱情投入工作中去。

領導者當眾講話的魅力會影響員工的士氣，在員工心目中，一個真正的領導者，應該是一個獲得眾人擁護的領導者。如果不能獲得眾人的認可，領導者就只是一個空殼，只有職務權力，沒有能力權力。因為，領導者的才能只能在群體業績中體現，領導者和員工有效溝通的目的是最大限度地發揮其潛力從而提高群體績效。

要巧妙說服部屬，需要幾招「攻心法」

在實際工作中，每一個領導者都面對著一系列紛繁複雜的問題和盤根錯節的人際關係。在社會組織中，領導者是否有能力從心理上說服部屬，進而形成合力，完成工作任務，就變得非常重要。下面，總結出了幾種說服部屬的「攻心之法」。

1. 順水推舟適度褒揚

每個人的內心都有自己渴望獲得的「肯定」，希望別人能察覺並給予適時的讚美。作為一位領導者，如果能發掘部屬這種對於肯定的需求，就能成為部屬心中的「貼心人」。因此，作為領導者，應具備隨時了解部屬、並給予他們鼓勵和激勵的能力。

當部屬由於非能力因素藉口公務繁忙而拒絕接受某項工作任務時，領導者可以說：「當然，我知道你很忙，抽不開身，但這種事情非你去解決才行，我對其他人沒有把握，思前想後，覺得你才是最佳人選。」這樣一來，對方不僅不會拒絕，還會主動積極地去工作，對方內心原本的「不」就變成了「是」。

2. 將心比心，設身處地

許多時候，說服遇到困難，並不是因為沒有把道理講清楚，而是由於勸說者與被勸說者固執地據守本位，不肯替對方著想。雙方換個位置，或

許很多問題就能迎刃而解。

當領導者在勸說部屬時，特別需要留意這一點。例如，當公司進行人事調動，將一些對困難感到畏懼的員工從條件較好的地區調至條件較差的地區時，可能會引起員工的不滿。這時，領導者需要親自介入，可以這樣對不滿的員工說：「你在原工作崗位上取得了不錯的成績，大家都看在眼裡。如果我是你，我也可能會不想離開。但如果大家都不接受調動，作為領導你會怎麼處理呢？當然，就我個人而言，我希望你能留下。但新的崗位更需要像你這樣的人才，這同時也是一次鍛鍊的機會，我相信你在新崗位上能做得更好。到了新地方如果有任何困難，隨時都可以來找我，我會盡力幫你解決。」

由於領導者站在被勸說人的立場上考慮問題，同時又把被勸部屬放在領導者的位置上陳說苦衷，抓住了被勸說人的關注點，使他心甘情願地把天平砝碼加到領導者這邊。

3. 推心置腹，動之以情

領導者的說服工作，在很大程度上就是情感的征服。只有善於運用情感技巧，動之以情、以情感人，才能打動人心。

領導者在勸說部屬時，應推心置腹，講明利害關係，使對方感到領導的勸告並不抱有任何個人目的，沒有絲毫不良企圖，而是真心誠意地幫助自己。

但在實際工作中，總有領導者抱怨自己就差掏心掏肺了，為什麼部屬還是聽不進去？還是懷疑自己的真心呢？根本原因就在於，領導者的所言未能讓部屬感受到善意和關心，甚至可能從中嗅到了「利己」的味道。這種情況下，領導者就要反思一下，自己所講的話真的是為部屬著想嗎？真

的沒有「利己」成分嗎？如果沒有，就是說服的口才出了問題，需要及時提高和改進；如果有，就要改變自己在說服中的定位，將個人利益抽離出來，真正做到為員工著想。

4. 先行自責，間接服人

作為一個領導者，欲將某一困難的工作任務交付同事或部屬時，明知可能不為對方所接受，但此事又太重要實在非他莫屬，那麼這時要如何說服對方呢？

可以在進入主題之前先說一句：「現在我要向你交代清楚這件事，雖然你會感到不愉快，但我也必須要說！」部屬聽後不會拒絕，因為畢竟溝通的對象是領導者。

當交給部屬的工作出現問題時，領導者在指出問題並要求糾正之前，可以先表明自己的責任：「這件事的主要責任在我，是我的指示有誤，導致你在執行時發生了偏差⋯⋯」

也許，不待領導說完，出錯的部屬就會主動承認是自己的失誤，並全力糾正它。先行自責，就等於先給對方台階下，對方當然不會拒絕，便達到了間接服人的目的。

與部屬溝通時，要把握好個人情緒

某酒店服務員小何撿到房客遺失的一部蘋果手機，想私自佔為己有，但被客房部經理發現了。經理要求小何上交手機，小何卻拒絕，並說：

「手機是我撿的，不是偷的，也不是搶的，我不上交也沒有違法。」經理沒有直接追問，而是轉了個彎問道：「小何，你知道什麼是不勞而獲嗎？」

「不知道，也不需要知道。」小何有些不悅地回答。

經理並未動怒，也沒有用強制的語氣要求小何歸還手機，而是耐心地繼續解釋：「小何，依據我們國家的法律，撿到東西不歸還也是違法的，這樣做是需要負法律責任的。」

此時小何不再反駁，看得出來她有些動搖了。

經理繼續說：「撿到別人的東西想據為己有的行為，和偷、搶得來的東西在不勞而獲這一點上性質是一樣的；再者，除了國家法律，我們還應具有一定的社會公德；而且，我們酒店也有工作守則，撿到房客遺失的物品必須要歸還，你別因小失大啊！」

經過經理的耐心勸導與教育，小何意識到了自己的錯誤，並主動上交了手機。 面對自己試圖侵占房客手機的行為被揭穿，小何內心肯定既感到羞愧又害怕。這種不光彩的行為讓她感到非常尷尬和失面子。此時，她選擇不承認，這是心理學中所說的「虛擬防護牆心理」。這種心理的典型特徵是，即使錯誤被發現，也選擇堅決不承認，認為只要堅持否認，別人就無從入手。因此，小何採取了強硬的態度拒不交出手機。然而，這種強硬其實是虛假的，只要用對方法溝通，她內心的「防護牆」很快就會崩潰。

面對小何設下的「防護牆」，經理並沒有利用自己的職權強行干預，儘管他完全有能力推翻這道並不堅固的防護牆。然而，他選擇了不這麼

做。他希望能透過理性討論的方式，讓小何真正了解到自己行為的不當，並讓她明白，正確的自我認知對她未來的人生發展同樣重要。

當領導者與部屬溝通時，最常見的錯誤之一就是無法控制自己的情緒。由於領導者在溝通過程中處於主導地位，他們往往不太擔心溝通不順或部屬生氣的問題。然而，這正是部屬在與上級溝通時最擔心的兩大問題。

作為領導者，並不意味著可以在與部屬溝通時隨心所欲，有些領導者甚至會刻意發脾氣，以此彰顯其地位。例如，某公司的老闆被員工稱為「冷面怪」，原因是他從不對員工微笑，與員工交談時總是帶著訓斥的口吻，讓人感覺員工似乎是來公司受罵而非來工作的。該公司的員工流動率極高，因為鮮少有人能忍受每天的斥責。對於這家公司的未來，我們不做評論，但可以想見，若一位不懂得尊重員工的老闆，將難以獲得員工的真心與忠誠，而缺乏忠誠的員工，企業的發展也將受到限制。

領導者要做的是團結員工，藉由與員工真誠的溝通，發現企業經營中或部門運行過程中存在的問題和機會，並與員工同心協力消除問題和實踐機會。

會說話的主管，能讓批評「增值」

一位好友和我講述他剛剛工作時的親身經歷。

「我的第一份工作是在一家食品包裝企業做市場行銷，在對某項新產

品做市場調查時，因為之前做計畫時犯了一個嚴重的錯誤，導致整個調查都必須重新再做一遍。更糟糕的是，發現這個錯誤的時間太晚了，調查幾乎全部要做完了，卻要打掉重來。第二天就是例行會議，我要在會議上提出這次調查的報告，而在此之前，我沒有時間和老闆商量。

第二天輪到我作報告時，內心非常不安，我盡最大努力使自己不至於崩潰，更不能哭泣。我的報告很簡單，只有一句話：因為我的工作失誤而出現了錯誤，我會重新做研究，會在下次會議之前提出報告。我坐下後，臉色慘白，認為老闆一定會狠狠教訓我一頓。然而事實並非如此，老闆先感謝了我能及時發現錯誤，不至於發生更大的損失；然後強調在一個新計畫中犯錯誤並不稀奇，他說對我仍然有信心，相信我的第二次調查會更加精確。只是，這次教訓我必須要吸取，不能再犯同樣的錯誤！」

按理說，我朋友犯下的錯誤其實挺嚴重的，影響到了公司的正常業務進展，但老闆沒有直接痛斥。

其實，員工在工作中犯了錯誤，內疚感和負罪感會隨之而生，員工甚至希望被批評一頓，以減輕心理壓力，但員工也更希望能有彌補過錯的機會，用實際行動幫企業渡過難關。

沒有人是永遠正確的，也沒有人會永遠不犯錯誤。法國作家安娜·聖蘇荷伊說：「我們每個人都沒有權利去做任何傷害他人尊嚴的事，因為傷害別人的尊嚴是一種罪，上帝不會寬恕的。」

工作中最讓人感到尊嚴盡失的事情，就是因為工作過失遭到嚴厲的批評和處罰。但並不是說員工有了錯誤也不能進行批評，該批評的還是要批評，只是要就事論事，不能牽涉到人身攻擊，更不能侮辱員工的人格。

在日常工作中，有些員工的言行難免會有不妥或錯誤之處，領導者發現後應當及時批評糾正。但是，最好把員工叫到一個沒有第三人在場的地方，以免挫傷對方自尊心而令他產生不必要的抵觸情緒從而造成溝通的失敗。

銷售部主管發現部屬小周有些懶散，但人挺精明，於是主管將小周叫進辦公室，對他說：「小周，你的工作成績還是可以的，我很喜歡你。你知道自己有哪些優點嗎？」

小周原本已經做好了接受批評甚至是被解雇的準備，沒想到上司反而提到他有優點，但他支支吾吾、抓耳搔腮，最後也沒能明確說出來。

主管說：「你至少有四大優點：第一，學習能力強，任何時間、任何一件事，你都能吸收到對自己有用的東西；第二，頭腦靈活、反應很快，善於察言觀色；第三，非常細心，能發現別人難以發現的細節；第四，性格開朗、樂觀堅強。」

小周聽完驚訝不已，他都沒想到自己有這麼多的優點。就在他沾沾自喜之時，主管話鋒一轉，說：「但是，我也發現你有一個缺點，不夠勤奮，每天打電話的數量與拜訪客戶的次數都比其他人少。我覺得你應該勤奮一些，不是為了公司，而是為了你自己，你完全可以更出色的。你覺得我說的對嗎？」

小周的眼睛閃爍著光芒，點頭承認自己確實不勤奮，當即表示今後要克服這個缺點，為自己，也為整個部門做出好的成績。

主管與部屬溝通的方式非常高明，他沒有直接說出部屬的不足，而是先說對方的優點，讓對方從心底裡喜歡聽，在部屬更容易接受時，再順勢

說出部屬的不足，而且優點的數量多於缺點。如此，讓部屬在心理上認為上司是真正關心和欣賞自己的，自己有那麼多優點，就只有一個不足，改正了就會很優秀，自然就會從心裡接受上司的建議，也很願意改正。

讚美部屬，領導者應該這樣來表達

對於領導者來說，運用公司內部的一些評選活動，例如「週最佳配合獎」和「每月優秀員工」等項目，來鼓勵部屬，能有效提升員工的工作熱情。

但是，讚美部屬必須要有正確的方式方法，簡單的一句讚美或者一點小恩小惠，是無法取得想要的結果的。下面是讚美部屬的三個模組與四種方式，供領導者參考。

三個模組：

(1) 日常讚賞。比如，拍拍部屬後背、手寫一張便條、現場授予證書、贈送致謝禮物以及其他一些用來表揚和感激的方式。這是一種低成本、高接觸的讚賞方式。

(2) 卓越讚賞。當部屬取得卓越成就時，領導者應給予正式的獎勵，即企業獎賞重大成就的程式化方式。而重大成就包括完成銷售任務、實施創新理念、提供例外服務等。

(3) 職業讚賞。多數企業會制訂一套正式方案，在一些重要日期褒獎員工，給員工一個最好的強調累積貢獻的機會。

四種方式：

　　(1) 尋求部屬幫助。領導者從其部屬那裡尋求幫助，是讓部屬認識到自身能力和價值的最有效方式。因為請求使人變得脆弱，表示領導者同樣存在弱點或者缺乏必需的技能。從部屬處尋求幫助，不僅說明了尊重部屬的專業技能，也表現出了領導者對於部屬的絕對信任。

　　領導者尋求部屬的幫助，可以是工作職責範圍內的事情，也可以是工作職責範圍之外的事情。如果是工作職責範圍內的事情，會讓部屬感覺到來自主管對於自己能力的認可，能夠充分提升其工作積極性。如果是工作職責範圍之外的事情，則只是純粹作為個人對個人的幫助，會讓部屬感覺來自主管對自己綜合素質的肯定，對於提升部屬的自信心非常有幫助。

　　(2) 詢問部屬的觀點。與尋求部屬幫助類似，詢問部屬對於某些事情的觀點，同樣可以表現出領導者對於部屬的信任感。而且，詢問部屬觀點的觸發事件，可以是與具體工作相關聯的事情，也可以是與本職工作無關聯的事情。

　　此時，涉及一個關鍵的問題，就是詢問部屬的事情不能是那些只能由領導者才有權決定或者有辦法處理的事情。比如，領導者不要詢問部屬「對於提高工作效率，你有什麼想法？」之類的問題。正確的做法應該是，藉由其他途徑利用部屬的技能或見解，解決一些無須由領導者親自解決的問題。比如可以問部屬：「這個零件加工，有沒有機會再提高一兩秒的時間呢？」對於這類具體的事情，部屬可能根據自己的能力進行解答，也可能依據自己的能力進行實驗改進。但無論最終取得怎樣的結果，部屬都不會有壓力，因為自己只是做了一件具體的工作，並沒有對「如何提高工作

效率」建言獻策。

某領導者向一名人力資源部的部屬諮詢：「你對於招聘新部屬所涉及的文書工作的簡化調整有怎樣的想法？」某領導者向一名技術部負責資料處理的部屬諮詢：「你對於其他部門資料收集處理工作的合理有效性有什麼建議？」

此種諮詢方式，有助於領導者獲取到出色的創意，挖掘出更有效的工作方式，也能激勵部屬的潛能。

授予下屬非正式的領導角色。作為領導者，勇於讓下屬暫時扮演非正式的領導角色，對自己的領導工作會有很大的幫助。想像一下，如果老闆對你說：「客戶那邊現在出了一些問題，如果不能快速解決，肯定會讓我們失去客戶。你可以找幾個人來幫我處理這件事嗎？」想想看，當下屬收到老闆這樣的信任時，會激發多大的工作熱情啊！

因此，領導者授予部屬非正式領導權意味著對部屬綜合能力的信任。更重要的任務、更高的隱含讚譽，會極大地提高部屬的自尊心和自信心。

(3) 主管與部屬合作開展工作。領導者與部屬天然就是不平等的。因此，發掘部屬價值的有效方法，是雙方共同合作一起完成某項任務。試想，如果主管領導對你說：「為了提高自己語言表達方面的能力，我想參加演講會培訓。你願意和我一起參加嗎？這對我們都有好處……」主管的請求一定會讓你感覺心裡非常開心的，能陪主管一同成長，本身就有一種受寵若驚的感覺。

當然，領導者所選擇的共同合作的事情，並不一定是工作之外的，關鍵在於所做的事情必須是平等參與的，不存在主管與部屬的差別。

領導者的口才藝術金句──值得一讀的溝通精華

「這件事誰來負責？」銷售部經理憤怒地問。

公司剛失去一個重要客戶，總公司開始追究責任，甚至執行長都說：「如果找到責任人，一定要重罰。」負責人急於找出導致公司失去大客戶的「主因」，導致下屬在接下來的一週多時間都在忙著推諉責任，而沒有想出如何聯繫其他客戶來補救這個重大損失。

假如公司負責人能把這次失敗看作一種學習經驗，借此指出公司需要改進的地方，並敦促員工從失敗中吸取教訓，那麼就有機會儘早挽回損失。

某公司的一個客戶因為向法院申請了破產，所有貨物都被抵押給了銀行。該公司希望從這家待破產公司要回價值 14.5 萬元的貨物，但奈何已經抵押給了銀行而未能成行。在公司開會時，負責人沒有指責當時拍板給待破產這家公司供貨的銷售經理，而是說：「好吧，想要要回貨物這件事看來是辦不到了。那麼，這件事到此為止，現在就去做能讓公司賺錢的事情吧！」接下來的三個月時間裡，該公司的銷售部門付出了很大努力，為公司創造了一年來最高的營業額。

可見，這位公司負責人的做法相當值得肯定，他並沒有責怪下屬「做事不力」。事實上，下屬並不是真的做事不力，因為當初在供貨給那家即將破產的公司時，該公司的經營狀況還算不錯。因此，與其關注公司損失

了多少錢，不如更專注於建立信心和打造更好的未來。藉由上述兩個案例的對比可以看出，作為領導者，要用更開放的方式與員工溝通，用積極的態度與員工對話，這樣才有利於提高員工的執行力和對企業的忠誠度。下面，是一些有效開展工作和解決問題的金句，作為領導者，需要經常跟員工講。

第 1 句：「你提出的問題很好，我們想想怎麼解決！」

鼓勵員工多向主管領導反映工作中遇到的問題，同時激勵員工主動解決問題。領導者一般都期望部屬是問題的終結者，而不是只顧提問題不思考解決方案。

第 2 句：「你以後要多提醒我。」

鼓勵員工在領導者忘記一些重要活動、重要工作和重要會議時，給予及時的提醒，使自己不會耽誤工作。面對員工的善意提醒，領導者一方面表達感謝，另一方面要給予員工更多的信任。

第 3 句：「對不起，是我弄錯了」或者「不好意思，錯在我」。

優秀的領導者都敢於主動承認工作中的失誤，更能讓員工信服，有利於打造良好的工作氛圍。這樣的表率作用，可以引導員工在工作出現問題時能從自身找原因，主動承擔責任，而不是相互推諉，讓解決問題變得困難重重。

第 4 句：「真棒，你是怎麼做到的？」

領導者經常對員工卓越的工作業績給予具體的、到位的讚賞，員工不僅會受到鼓舞，還會心存感激。讚許員工，繼續追問工作細節，會提高員工的自信心，敦促員工做得更好。

第 5 句：「謝謝你！」

作為一名合格的領導者，對部屬在工作中的每一次進步和付出、每一種積極進取的工作態度，都要即時給予感謝。簡單的「謝謝你」三個字，能讓員工感受到領導者對自己的認可，對領導者充滿親近感，自己也會加倍努力工作。

除了上述五句領導者要經常說的金句外，根據具體工作的不同，還有很多與領導關係相關的金句，大家可以自行總結。

第七章
人脈口才變現：憑藉口才擴大
人脈圈，獲得更多的資源

　　無論從事任何一個職業，經營好人際關係都將產生巨大的推動作用。經營人際關係的核心就是提升口才的變現能力，那些情商高、口才好的人，能便捷地擴大人脈圈，獲得更多資源，高效地處理各種狀況。雖然說話能力是天生的，但口才的變現能力不是天生的，更多是在為人處世的過程中慢慢積累起來的，因此我們可以透過後天努力習得這種能力。

人脈口才，是可以隨身攜帶並變現的財富

　　隨著社會交往和人際溝通對一個人的影響越來越強，人們也越來越重視口才的變現能力。口才的通俗解釋是口語表達能力，即善於用準確、貼切的詞彙表達出自己思想情況和所思所想的一種能力。而口才的變現能力則是借助口才能力實現更大收益的綜合能力。

　　毫無疑問，那些能夠進行成功社交的人，離不開好的口才加持。但是，口才變現能力不等於說話能力，說話誰都會，但上升到口才級別，能達到

及格線的人就不多了。

　　一些人不知道賓客們聚在一起談些什麼內容更好，也很少有人主動替賓客們互相介紹，使大家在增進了解的同時，可以談些共同感興趣的事情。或許也沒有想到，在必要的時候，自己應該帶頭談起一個所有賓客都會感興趣的話題。

　　一些人在拜訪他人時，特別注重穿著和禮物，但對於見面之後應該講些什麼，卻模糊不清。許多人不但沒有隨時和別人談話的心理準備，還有些害怕談話，甚至覺得談話是一件很令人討厭和麻煩的事情。

　　一些人害怕遇到陌生人，尤其是見了比自己地位高的人，會害怕、害羞甚至自卑。如果是不得不參加的場合，自己坐在那裡，除了舉目四望外，絕不會主動說話，即便別人率先問及自己，也是支支吾吾地應付一下。

　　上述幾種情況是比較典型的。除此之外，現實中還存在太多因為口才能力欠佳而無法融入群體或者喪失良好機會的情況。人們之所以會表現出這樣的狀態，根本原因在於口才能力的欠缺。那麼口才能力的欠缺又是如何形成的呢？總結一下，大概有五種原因：①從小缺乏集體生活，對人太不了解；②從小缺乏同陌生人交流的能力，沒有相應的口才鍛鍊；③有過多次失敗的談話經歷，造成了心理陰影，為了避免再次失敗，索性就少說話；④誤解了「多做事，少說話」的真意，把不說話當作一種美德；⑤受到了「禍從口出「的影響，覺得不說話是一種保護自己的安全之道。

　　無論是哪種情況導致的，口才變現能力欠佳都是不爭的事實。我們不去追究究竟是什麼原因導致的口才欠佳，因為已經沒有意義，而是要想辦法鍛鍊自己的口才，提升與人交際的能力，這才是當務之急。因此，口才

是人生成功的利器，只有不斷對其加以磨礪，才能鑿開我們的人脈之冰，劈開我們的成功之路。我們相信，只要懷著堅定的信心和決心，勇於嘗試，卓越的口才必將屬於你，並將成為你生命中重要的財富。

鍛鍊口才的變現能力可以從日常聊天開始。聊天是沒有明確目的的即興式交談，因此，它不存在交際方面的限制，但卻有助於提升交際方面的能力。聰明的人會利用很平常的聊天機會擴大接觸面，獲取新資訊，認識新朋友，拉近舊關係，增進舊友誼。此外，聊天還可以調節心理，愉悅情懷，安慰他人，鼓勵朋友，解決矛盾，加深了解。由此可見，聊天是一種非常常見，但卻又非常實用的交際方式。

對於如何利用聊天聊出名堂，從而達到廣泛交際、增強人脈的目的，善於言談的人都會設定正確的目標，並有其獨到的方式。

有了正確的目標和端正的態度，再加上切實管用的個人小技巧，取得社交和人際溝通的成功就是水到渠成的事。當然，社交和人際溝通的方法各式各樣，聊天只是其中最基礎的一種，此外還包括家庭聚會、企業聚會、商務洽談等。但無論是哪種社交場合，增強人脈的核心都是口才能力，因為只有把話說好了，才能給他人留下美好的第一印象，也才有機會同他人將人脈關係維持下去。

社交和人際溝通中處處都有口才發揮的空間，好口才能使社交和人際溝通得心應手，讓一個人充分展現出自己的魅力，從而獲得更多的人脈資源和人生成就。

立足社會，必須提升口才能力，擴大人脈圈

凡是善於談話，並能夠利用精妙的言辭引起他人的注意，使他人樂於親近自己的人，在社交中都將會受益無窮。

對於一些人而言，人際交往給他們帶來的是煩惱和恐懼，這樣的人的人脈關係會越來越窄，甚至從來就沒有拓展過。但是，還有一些人，人際交往帶給他們的是友情，他們從交往中既愉悅了身心，又擴大了人脈圈，更因此讓自己走上了容易成功的道路。為什麼前者的人際交往一無所獲，後者的人際交往卻能「一鍵三連」呢？核心的關鍵就在於口才的好壞。因此，只有不斷提升自己的口才能力，透過不斷的高品質交流，才能擁有好的人際關係，才能不斷擴大自己的交往圈子。

那麼，如何增強自己的社交口才能力呢？需要進行一些實用的社交口才訓練。下面是總結出的一些方法。

(1) 自身勇氣膽量的訓練。對人際交往心懷恐懼且畏手畏腳的人，難以進行有效的交際。要改善這種情況，首要的就在於訓練自身的勇氣和膽量。而要訓練勇氣和膽量，就要先正視自己的恐懼心理，承認自己的恐懼心理，然後根據自己的核心恐懼點採取針對性的訓練。比如，有的人恐懼與陌生人交往，就要鼓勵自己主動去結交新朋友，一開始肯定不順利，但只要持續下去，就會逐漸克服「陌生人恐懼症」；再如，有的人恐懼與比自己地

位高的人交往，就要邁出這一步，積極地在社交場合與「大人物」主動攀談，慢慢就會適應，進而消除恐懼。

(2) 經常溝通交流。人際交往中的口才變現能力可以在與他人的每次溝通交流中獲得提升，且會隨著量變的積累促成質變。所以，我們必須珍惜每次與人交際的機會，多多參與溝通交流，以利於我們增長閱歷、提高心理素質和提升為人處世的能力。當一個人的綜合能力全面提高後，口才能力自然會提高，自己也更願意與他人交往。

(3) 語言聲調技巧訓練。通過有規範的語言聲調訓練，鍛鍊自己的聲音、語調、語速、吐字與氣息。此外，還要學會標準中文，有條件的可以參加專業的學習，條件不夠的可以採用一些傳統辦法，如多聽優秀主持人的發音或者多看詞典學習發音。此外，在學習的基礎上還要多加練習，多閱讀與做速讀訓練糾正自己的語音。將自己每次閱讀的聲音錄下來，多聽幾遍，比較後找出差距，然後進行直接的練習。

(4) 禮貌用語訓練。很多人會有疑問，禮貌用語還需要訓練嗎？不就是「謝謝」「沒關係」「對不起」這些詞嗎？但是，幾乎所有人都知道的這些禮貌用語，在現實中又有多少人會經常運用呢？人與人之間交往應是平等的、有禮貌的，因此，言行舉止都要講文明、懂禮貌，多用「請」「謝謝」「抱歉」「對不起」「請原諒」「沒關係」等禮貌用語，讓交流的對方能感受到被尊重。

在人際交往中，敢於表達自我的人有更大概率受到歡迎，而能夠得體表達的人則毫無疑問會更受歡迎。因此，在與他人溝通交流時，應表現得落落大方，真誠友善，不欺騙，不隱瞞，不嘲笑，不揭短。最後，希望每

個人都能很好地提升自己的社交口才能力，與他人愉快地溝通交流，實現個人價值的最大化變現。

結交人脈，口才表達能力一定少不了

有的人講話閃耀著真知灼見，給人以深邃、精闢、睿智、風趣之感，他們理所當然會成為社交場上的佼佼者。

有的人話說得不多，卻能說得很好，這便可稱其為說話的藝術。講究說話藝術的人，不但能給他人留下良好的印象，還能多認識和多結交朋友。

當今社會中，人們相互之間的溝通特別頻繁，口才好的人更有機會從大多數人中脫穎而出，贏得更好的生活。

在泰國，一個名叫西特努賽的人在皇宮做官。他足智多謀、口齒伶俐，因此贏得了皇帝的信任，但也因此招人妒忌。

一天上朝之前，一個官員向西特努賽挑釁說：「都說你有洞察人心的本事，那你現在就猜猜看，我心裡在想什麼？」

西特努賽笑著對在場的所有官員說：「我可以洞察你們每個人的內心，你們心裡想什麼，我全都知道。不信咱們打賭！」

官員們當然不相信有人會有這種本事，對西特努賽的不滿更大了，他們想讓西特努賽在皇帝面前出醜，便一致同意每人以一百兩銀子為賭注，與他打賭，如果西特努賽輸了，就要永遠離開皇宮。皇帝也想驗證一下西

特努賽到底有沒有這個本事，便認可了這次打賭。

打賭正式開始了，官員們催西特努賽趕緊說出每個人的想法。西特努賽掃視一圈眾人，然後不疾不徐地說道：「在座的諸位大人心裡想的是什麼，我十分清楚。諸位想的是：我的思想十分堅定，我的整個一生都要忠於皇上，永遠不會背叛、謀反。諸位大人是不是這樣想的？哪位不是，請立即站出來！」

官員們聽到這裡，面面相覷、張口結舌，沒有哪個敢站出來，都只好認輸。皇帝聽完哈哈大笑，雖然他未能驗證出西特努賽到底有沒有閱讀人心的本事，但卻收穫了一堆「忠臣」。

這個故事告訴我們，口才是一個人智慧的反映，它影響著我們人生的每一個關鍵時刻，如事業走向、人際關係、生活品質等。

口才表達是一種隨身攜帶、永遠丟不了的能力；口才表達也是只屬於自己、誰也搶不走的能力；口才表達還是可以不斷精進、永遠進步的能力。

口才變現能力，很多時候就是創造話題與話題之間的碰撞。有的人在與家人、朋友及熟人聊天時，雖不至於滔滔不絕，但也絕不會不發一語，感覺有很多可聊的。但是，在面對陌生人的時候，就真的一語皆無了，因為感覺真沒什麼可聊的。為什麼和熟人與陌生人之間的交際差異會這麼大呢？原因在哪裡呢？其實，差異就在於有無可聊的話題，找得到話題，就可以聊下去，找不到話題，自然就聊不下去。因此，口才變現能力強的人不只在具有話題時能侃侃而談，還能在沒有話題時主動製造可以聊下去的話題。以下是口才達人製造話題的一些小技巧。

(1) 揚長避短。在與他人交談時，要關注對方的特點，避開對方的禁忌。比如，對方說自己喜歡狗，就可以圍繞狗或寵物類的話題聊下去；如果對方明確表示自己害怕某種東西，那麼在聊天時就必須迴避關於這種東西的任何話題，即便這種東西可能恰巧是當下的熱門話題。

(2) 隱私迴避。在與他人交談時，需要找到「安全值」最大的話題，引起大家的興趣。比如，大家都在講笑話，就可以加入進去一起講，但是一定不能涉及在場人及與在場人相關的周圍人的笑話。

(3) 劣勢為先。在與他人交談時，處於劣勢的人有義務找話題，因為找到既讓大家感興趣而自己又在行的話題，對自己是有利的。這裡的劣勢，是指在交談時自己對於正在談論的話題不在行，不了解，導致無法融入而形成的被排斥感。比如，大家都在談論世界盃，但不是球迷的人就插不上話，需要主動尋找其他大家都能接受且自己又在行的話題來替代現有話題，以讓自己重新融入進去。

(4) 對方優先。若在求人辦事時，必須講能讓對方開心的話題。比如，找朋友借錢，就不能總說自己有多苦，有多不容易，而是要先說一些客套話讓朋友開心，這樣借到錢的機率才會大一些。

找話題其實並不是一件困難的事情，因為在生活、工作中，看見的、聽見的、經歷過的、遐想過的……只要不是讓他人反感的，都可以拿來當話題。

世界上再也沒有什麼比令人心悅誠服的口才更能迅速地讓人獲得成功與別人的欽佩了，並且這種能力通常都可以培養出來。

有好口才，能使人際溝通得心應手

　　現代社會裡，隨處可見的交流談話、商品買賣、商貿談判、政治交往等各種形式的語言行為，雖然表現形式不同，但都是口才變現能力的體現。

　　不同的個體有不同的觀點，不同的組織有不同的理念，不同的企業有不同的文化，所有的「不同」都是隔閡和矛盾的發源地，要想調和這些「不同」，必須時刻攜帶「口才變現」的武器。聰明者不用權勢壓人，不用理念欺人，更不用文化唬人，他們只用語言服人，將隔閡與矛盾擺到檯面上，曉之以理動之以情說服對方。正如法國思想家、哲學家讓尚 - 雅克·盧梭所說：「征服一個人或者征服一群人，用的往往不是刀劍，而是舌尖和牙齒。」

　　某公司因為生產任務加重，要求員工加班工作。起初，員工認為只是加幾天班就可以了，但一連加了兩個星期都沒有停下來的意思，這讓員工逐漸有了怨言。

　　員工老孫已經在公司工作了 12 年，是老鳥了，對長時間加班感到氣憤，他對其他員工說：「我得找老闆談談，我們雖然是工人，但也是人，這樣沒完沒了地加班，給加班費也不行啊！」

　　其他員工聽了也都附和，有的說：「對，我們不能再加班了，這樣太

累了，我們也不想多掙那幾個錢！」

有的說：「關鍵是，也不知道能給多少加班費，這樣加班必須得按照勞基法規定給付我們。」

有的說：「不僅加班費，其他的補助也得給，現在天氣這麼熱，誰貪圖那點加班費。」

有的說：「年終也得多給，我們加班是給老闆創造了多少利潤啊！」

……

老孫聽了大家的話，說：「我這就去找老闆，非得討個明確的說法不可。」

說完，他氣衝衝地來到辦公樓，對新來不久的秘書說：「我是孫××，老員工了，夏總知道我，我找他有事情。」

秘書笑著說：「是孫師傅啊，我聽說過您，是我們公司的骨幹，夏總經常提起您，說您給公司做了很大貢獻，就是他的兄弟。」

「是嗎？夏總這麼說啊！」老孫有點驚訝地問。

「是啊！夏總經常提起您，我剛來沒多久，對您早已如雷貫耳了。夏總要是聽說您有事找他，一定會立即出來。但很不巧，有個客戶正在和夏總談事情，麻煩您等一下，行嗎？」秘書客氣地問。

「哦！好吧！我等等吧！」老孫有些不太情願，但又有些不太好意思地說。

秘書把老孫帶進會客室，又笑著問道：「孫師傅，您喝茶吧？我給您沏茶。」

「我什麼都不喝，你不用忙了。」

「夏總特別交代過，說孫師傅喜歡喝茶，必須沏上好的鐵觀音。」秘書一邊說著，一邊沏茶。

老孫喝著茶，心裡的怒氣已經消了一大半，問秘書：「夏總什麼時間能和客戶談完？」

秘書說：「應該快了，客戶來了一會兒了，我已經留言告訴夏總您來找他了，您再等等吧？」

老孫點點頭。

秘書又說：「孫師傅，您今天不來，明天夏總也要去車廠看您。他跟我說，孫師傅是公司元老，與公司風風雨雨十幾年，很不容易。您為了公司付出了真心和汗水，夏總非常感激您。最近公司訂單多，經常加班，夏總擔心您的身體狀況。」

老孫聽完，心裡很感動，來時的怨氣已經完全消散，他有些臉紅地說：「加點班沒什麼，還煩勞夏總惦記。」

正說著，夏總走進了會客室，跟老孫握手說：「孫師傅，聽說您有急事找我？我那邊有點事，來晚了。來，您有什麼事坐下說，只要要求合理，我馬上解決。」

「沒……沒什麼，就是大夥委託我來看看您……」老孫結結巴巴地說，他的心裡此時只有感動，哪裡還想要討說法呢！

夏總當然知道老孫來找自己的目的，當即就和老孫去了車廠，先向工人道歉，又向工人說明連續加班的原因，最後請工人體諒，齊心協力度過這段期間，並保證一定會給大家公平合理的待遇。工人聽了，心裡的氣順過來了，也就不再抱怨了。

在上述案例中，老孫、夏總、秘書就是一個微型的關係網，其中秘書發揮的是緩解、溝通的作用。本來老孫是怒氣沖沖要去找夏總討個說法的，但在秘書輕聲細語的溝通中，逐漸消了怒氣，等到夏總出現時，剛開始時由老孫製造的劍拔弩張的氣氛已轉變成了和諧理解的氣氛。

藉由上述案例我們可以將由這三個人組成的小關係網擴大為整個公司的大關係網，試想如果開始時不能平息老孫的怒氣，那麼就不能平息其他員工的怒氣，這樣就很可能會給公司未來的生產帶來麻煩。這位秘書全程表現得非常好，運用自己的口才能力，三言兩語就消除了老孫的怒氣，理順了他們三個人尤其是老孫和夏總的關係。然後公司老闆又從大的方面理順了企業和員工之間的關係，化解了一場可能的關係危機。由此可見，只有具備強大的可以變現的口才能力，才能更好地釐清人與人之間的關係，讓人際溝通變得更得心應手。

人際交往，尊重是溝通的前提

我們每天都要聽別人說話，但是你有沒有發現，和有的人聊天很開心，和有的人聊天就很不舒服。為什麼會這樣呢？一個重要的原因就是尊重，即人際交往中是否對他人保持尊重。

一個不懂得尊重他人的人，同樣不會受到他人的尊重。「晏子使楚」的故事人盡皆知，講述的就是因為不尊重他人而自取其辱的事情。

齊國丞相晏子出使楚國，因為晏子身材矮小，相貌醜陋，楚王自恃楚

國強大，就想羞辱他。於是楚王下令關上城門，只打開城門邊的狗洞「迎接」晏子。晏子見狀機智地說：「出使狗國才從狗門進出，現在讓我從狗門進，難道我現在到了狗國了嗎？」

楚王聞報，無地自容，只好命令打開中門，迎接晏子進城。楚王見到晏子後，心中還在為「狗門一事」不悅，想再找機會羞辱晏子，他說：「齊國難道沒有人才了嗎？怎麼派你這樣身材矮小又無德行的人做使臣呢？」

晏子說：「我們齊國的人才遍地，一起舉起袖子，可以遮蔽天上的太陽。但我國有個規定，不同檔次的人出使不同檔次的國家。賢德的人才出使有德的國家，朝見賢德的國君；像我這樣不賢德的人只能出使沒有德的國家，去朝見不賢德的君主。」

楚王聽完，面紅耳赤，無言以答。楚國國君不知道尊重他國使臣，向晏子發起了言語挑釁，想拿晏子的缺點侮辱他，結果卻反遭侮辱。

尊重別人就是尊重自己，尊重他人的人走到哪裡都會受歡迎，而慣於出言不遜的人，則不會得到別人的認可。那麼，我們在發揮自己的口才威力時，要如何做到尊重他人呢？我們將此總結為「三有四避」。

1. 何為「三有」

(1) 有分寸。把握交談的分寸是保持尊重的基本要求，也是做人的基礎素養。要做到語言有分寸，需在背景知識方面知己知彼，明確交際目的，選擇正確的交際方式，用言語行動將尊重感表現出來。

(2) 有教養。尊重和諒解別人是有教養的重要表現。尊重別人符合道德和法規的私生活，如衣著、擺設、愛好等，在別人的確有了缺點時委婉且善意地指出。諒解別人是在別人不講禮貌時，視情況加以規勸。

(3) 有學識。在文明社會裡，人們都很注重知識，尊重有學識的人，而無知無識、不學無術的粗淺之人則會感受到來自社會的巨大壓力。

2. 何為「四避」

(1) 避隱私。隱私是不可公開或不必公開的關乎個人的私密問題，有些是秘密，有些是缺陷。現代文明社會對個人隱私是保護的，因此，在交談過程中一定要注意避談、避問他人的隱私，這是對他人最基本的尊重。

(2) 避淺薄。淺薄就是不懂裝懂，外行充內行，造成言不及義、言辭單調、語句不通等尷尬狀況。術業有專攻，沒有人是「百事通」，因此，在對待自己不明白的領域時，要謙虛謹慎，主動求教，不可妄發議論。

(3) 避粗鄙。粗鄙的言行是非常令人厭惡的，通常指言語粗野、滿口粗話，甚至滿口汙穢。而粗鄙是最無禮貌的，遇到這類人，不要與之計較甚至招惹，要避而遠之。

(4) 避忌諱。社會通用的避諱語也是一種尊重他人的表現，如對令人恐懼或讓人反感的事物的迴避（「死」的避諱語是「故去」「辭世」「駕鶴西遊」），如對道德、習俗不可公開的事物的避諱（將「茅房」避諱說成是「洗手間」「衛生間」），如對談話對象的生理缺陷的避諱等。

尊重他人，說出來簡單，做起來並非易事，因為需要在頭腦中形成尊重他人的意識，並時刻謹記進而形成習慣。這就要求我們平時需要多加學習，提高修養，讓「禮」成為人際交往的開路先鋒，一路順利而行。「敬人者，人恆敬之」。尊重是一個人應有的基本修養，在與他人建立人際關係時，能夠尊重他人的人，同樣也會受到他人的尊重。

人際溝通，先確立交流的主題

人際溝通不是簡單地面對面說話，那樣只能稱為話家常。溝通是相對正式的交流方式，參與溝通的各方需要圍繞一個主題進行相互間的觀點碰撞與融合，最終形成一個各方都比較認可的共識性結論。因此，人際溝通需要先確立交流的主題，然後圍繞主題拆分交流話題。

對於如何確定交流主題，我們給出的參考方法是運用金字塔溝通法。主題處於塔尖的地方，是整個金字塔的核心，底下的所有表達都圍繞問題進行。

下面看一個簡單的案例。

我們將會議放在明天 14 點召開，因為這樣各位總經理都能參加，而且本週也只有明天下午會議室沒有被預定。

如果你是負責這件事的具體人員，那麼你該怎樣將這件事情交代清楚，讓所有人都清楚原因而不產生誤解呢？

很多人對金字塔溝通法容易產生誤解，認為該方法就是強調結果的，結果說清楚了，就一切 OK 了。其實，金字塔溝通法的表達主旨是過程，結果只是給對方一個預定要表達的結論，讓對方注意有這樣一件事。先說結果是為了更好地表述原因；而原因羅列清楚了，導致結果出現的癥結也就找到了。

如果你是某公司老闆，正在辦公室工作，忽然你的部屬衝進來對你說：「老闆，我最近在留意原物料的價格，發現很多塑料都漲價了。還有，剛才物流公司也打電話來說要漲價，我又比較了幾家的價格，但還是沒有辦法說服對方不漲價。還有，我們的主要競爭品牌『春風』最近也漲價了；我還看到……對了，廣告費最近花銷也在增多，如果……可能……老闆，咱們得想想應對措施啊！」

如此的表達，會讓聽者感覺非常混亂，只能從講述者的話中得知好多東西都漲價了，但具體為什麼漲？在哪些方面漲？漲的幅度是多少？都不得而知。如果講述者能根據金字塔溝通法換一種方式講述，情況就會好很多。例如：

「老闆，我想提個建議，我認為我們的產品應該漲價 15% ～ 20%，要超過競爭品牌，尤其是主要競爭對手——『春風』：因為第一，原物料最近都漲價了，漲幅達到了 30% 左右；第二，物流成本也上漲了不少，而且還有繼續上漲的趨勢；第三，競爭品牌全部都調價 10% ～ 20%，我們應該跟進；第四，廣告費已經超標，我們還應該拉出空間，可以做……老闆，您覺得這個建議是否可行？」

如果這樣和老闆說明問題，就非常清晰了。首先是主題明確——產品應該漲價，且提出了合適的漲幅；其次是原因羅列清楚——從各種成本和競爭品牌進行全面分析；最後是徵求意見，讓老闆最終拍板。

同樣的事情，不同的表述，不僅清晰度截然不同，取得的結果也自然不同。由此，要永遠記住一個規律，即要想讓對方贊同你的觀點，就一定要讓對方聽明白你講的是什麼，這是關鍵也是前提。

因人制宜，對不同的人說不同的話

中國有句古話：「見人說人話，見鬼說鬼話。」一般是用來批評別人油腔滑調、投機、不誠懇的人。其實，如果不加節制地實踐這句話，這句話確實是不好的；但是，如果能有節制、有方式、有方法地去運用這句話，那麼這句話就會變成有智慧的一句話，對於我們的人際交往能力將有非常大的好處。

這句話用另一句比較文雅的話替代就是，對不同的人，說不同的話，因此這其實是一種高情商的表現。

著名作家老舍先生曾說過：「話是表現感情和傳達思想的，所以大學教授的話與人力車伕的話肯定不一樣。」

即使是同樣的話，對不同的人講，有的人能夠理解接受，有的人則會產生反感、討厭的心理。因此，對待不同的人，需要說不同的話，目的是為了照顧他人的感受。這不是虛偽，而是個人情商高、應變力強的表現。這類人懂得照顧他人的情緒，能在不同的環境和人際關係中找到合適的溝通方式。

因此，在面對不同類型的人時，需要用不同的態度和語言去對待他們，組織好自己的語言才能讓社交有針對性，達到應有的效果。在這裡，我們不能將每一種人都列舉出來，然後教大家如何說話，但可以將人進行大致

歸納，告訴大家對待每一類人應該如何交流溝通。

1. 跟精明的人謹慎說話

與精明的人打交道，需要注意自己的言行舉止，明白說者無意，聽者有心。有時候，或許只是為了拉近彼此之間的距離，說了一些對方可能想聽的關於自己的隱私的話，或者透露出了自己的某些想法。但面對這類人，我們的這種「真情吐露」可能會成為他口中的把柄，日後給我們的生活帶來麻煩。

在職場上，必須將同事和朋友區別對待，同事就是同事，可以在一起工作，但絕不能像朋友一樣去表達自己的真實想法。尤其是對於一些捉摸不透的同事，他們可能會有意留意別人說的話，那些無防備心者隨口一提的話都可能被他們拿來作為日後拉踩別人的武器。所以，在和那些精明、聰明的人交際時，一定要謹言慎行，明白禍從口出的道理。

2. 跟大智慧的人說真心話

小聰明和大智慧不一樣，很多人都只是小聰明，因為目光不夠長遠，經常聰明反被聰明誤。

而擁有大智慧的人，經歷的更多，見過的也更多，所以，不會被一些表面的東西羈絆住。擁有大智慧的人有一個非常明顯的特點，就是從來不吝嗇和別人分享，他們不會覺得自己教了別人一樣東西，就會被別人超越。相反的，他們認為共同進步才是最佳的相處方式。

因此，和具有大智慧的人交際，沒必要遮遮掩掩，只需要坦誠地和對方進行交流即可。自己內心真實的想法以及一些困惑儘管大膽地說出來，放心，大智慧的人絕對不會因此就嘲笑你，反而會有很強的共情能力，給

出一些真誠有效的建議。因此，和有智慧的人在一起，有種如沐春風的感覺，可以學到很多東西。

3. 跟普通人多說鼓勵的話

遇到那些和自己一樣普通又平凡的人，不能五十步笑百步，不要自我感覺良好，而是要學會互相取暖，明白自己既然淋過雨，也要想著給別人撐把傘。

多鼓勵身邊的人，主動發掘他人身上的長處，放大他人身上的優點，讓他人多一點自信。在鼓勵他人的同時，自己也能從他人身上獲得勇氣，等於是變相鼓勵了自己。

這個世界上的大多數人，都是沒有什麼特殊能力的普通人，但正是這些普通人，憑藉自己的努力讓自己和家人過上了越來越幸福的生活，讓自己的國家一天天變得強大。所以，我們沒有理由不自信，沒有理由不充滿熱情地生活下去。

4. 跟「三觀」不合的人不說話

在很多時候，我們都要學會閉緊嘴巴，絕對不在別人背後去評價和議論別人。跟「三觀」不合的人，就要儘量減少彼此之間的交流機會，如果發生了爭執，能不辯白的就不要去辯白，因為「道不同，不相為謀」。

還有一些人，「三觀」不正，喜歡顛倒黑白，對這樣的人，更要敬而遠之，儘量不發生交流的機會。因為跟這類人是很難溝通的，可能說了一大堆，最後發現自己的努力沒什麼用，是在對牛彈琴。

懂得傾聽，才能有針對性地溝通

溝通不是獨角戲，而是相互談，大家談，絕不能一個人搶光了大家的風頭。因此，在溝通中多聽少說，認真聽別人表達了什麼是很重要的。在聽懂別人意思的基礎上，再進行有針對性地溝通。

很多人會認為，溝通關係中，說才是最關鍵的。其實，聽和說同樣重要。因為在溝通過程中，不能所有人都在說，而是有的在說，有的在聽。說的能否說好，聽的能否聽好，都決定著溝通的效果。

說是闡述，是內心觀點向外界的釋放；聽是收集，是綜合他人思想的管道。聽的品質影響我們過濾和篩選資訊的效果，因此，要集中精力聽別人說什麼，不要被任何外界因素擾亂心神。

著名人際關係學大師戴爾·卡內基說：「如果希望自己成為善於言談的人，首先就要學會做善於傾聽的人。」

傾聽的目的是了解對方，然後做出自己的正確判斷，再尋找合適的機會發表自己的看法。在傾聽他人講話時，你也會透過聽到的資訊，不斷調整自己的分析系統，修正自己的理解，以便達到與對方的思維同步。傾聽對於溝通來說有百利而無一害，會讓你成為「資訊富翁」，你提煉資訊的過程也許就是你成功的階梯。倘若你不重視溝通中的傾聽，那麼在與人交流時，就容易形成各說各話的情形，導致最終因為話不投機而終結交流。

在平常的交流中，我們大都習慣了滔滔不絕，因此能夠耐心做溝通中的聽眾是件難能可貴的事情。溝通中的一說一聽，是意見的相互交換。如果不能認真傾聽對方的意見，就不可能了解對方的想法，更不可能走進對方的內心世界。當你傾聽對方的話語時，對方也能接收到你誠摯的資訊，會立即運用自己的知識、經驗，對你的話進行識別、歸類和解碼，最終做出或反對或支持的態度反應。

如果你想成為一名具有高超的口才變現能力的人，那麼就要做一個自始至終滿懷誠意、會傾聽的人。請記住，跟你談話的人對他自己、他的需求和他的問題，比他對你和你的需求及問題更感興趣。就像卡內基告訴我們的另一句話：「要令人覺得有趣，就要對別人感興趣，問別人喜歡回答的問題，鼓勵他談自己和他的成就。」

討論了傾聽的重要性，還要討論如何傾聽才能得到他人的共鳴。這也是非常關鍵的，不然只知道傾聽重要而不知道如何傾聽，就如同紙上談兵，無法應用到實踐中，那我們的討論也就毫無意義了。

如同溝通中的說需要把握尺度一樣，聽也是有方法的，沒有方法的亂聽，只能給你的人際交往帶來負面作用。成功的傾聽並不簡單，而是一門高深的學問，因此只有掌握了有效的傾聽技術，才能真正發揮口才變現的能力。下面是總結出的一些有效傾聽的方法。

(1) 主動積極傾聽。面向對方，保持目光的親密接觸，保持在最合適的距離上，並以標準的手勢進行輔助。要對對方所談的話題表示出極大的興趣，遇到不明白的地方，可以及時問清楚。

(2) 注意力高度集中。傾聽的最大敵人是走神，這是很多人在溝通時都

會犯的錯誤。在對方講話時，自己目光閃爍、到處環顧，都是對講話人的極大不尊重。因此，要想做到在溝通中受到他人歡迎，就要高度集中注意力，將精力集中於對方所講的事情上。

(3) 不做與談話不相干的動作。好的傾聽者不是非要全部同意對方的想法，但一定是認真接納對方的話語。在對方講話時，任何與講話內容無關的動作都不能做，比如搓手、捲衣角、摺小紙條等。這些動作都是對講話者的不尊重，會讓對方產生反感，影響溝通的效果。

(4) 及時進行回饋。在對方說話的時候，應做一些回應，表示自己在認真傾聽。比如簡單的「嗯」「哦」「是啊」的短句，或者一個眼神的回饋、一次點頭的回饋等。

(5) 觀察對方的表情。溝通中，不可忽略對方的表情。看對方如何同你保持目光接觸、說話的語氣及音調和語速等，同時還要注意對方站著或坐著時與你的距離，從中發現對方的言外之意。

(6) 談一些自己的觀點。溝通時，切記不能匆忙下結論，但如果對方談了很多，你不發表自己的結論也是不尊重對方的表現，或讓人覺得你知識匱乏。因此，把結論放在談話的最後，以最簡單的語言去觸及就可以了，此外，還要注意不能與對方的結論有太多分歧。即便分歧嚴重，也要委婉說明，給下次溝通留有餘地。

第八章
演講口才變現方式和場景

演講在車間，流汗只等閒。

演講在軍營，熱血永沸騰。

演講在課堂，天天奔向上。

演講在舞臺，在機構，在社交場所，在談判桌上，在招商現場，在發佈會場，在動員會上……只要有人的地方，就需要交流，只要超過五個人的場合，就可以演講。但無論是常規交流，還是激情演說，都需要高超的口才變現能力。

公眾演講場景：門票帶給你最好的現金流

2020 年 9 月的一篇文章中（節選）：

「9 月 25 日，邏輯思維母公司北京思維造物資訊科技股份有限公司

（以下簡稱思維造物）披露招股書——擬在創業板上市，公開發行不超過 1000 萬股，擬募集資金 10.37 億元。如果上市成功，這將是知識付費的第一股。

思維造物的營收構成分為明顯的三部分：線上知識服務業務、線下知識服務業務和電商業務。其中，線上主要是得到 App 和邏輯思維公眾號，內容包含課程、聽書和電子書；線下包括得到大學、跨年演講和知識春晚；電商業務主要是閱讀器、圖書和周邊。」

透過相關資料可以看出，思維造物的跨年演講廣受追捧，從 2016 年到 2019 年始終處於上升通道。

2016 年跨年演講，銷售流水為 855.26 萬元，銷售數量為 5769 人，平均單價為 1482.51 元／人。

2017 年跨年演講，銷售流水為 934.29 萬元，銷售數量為 5922 人，平均單價為 1577.67 元／人。

2018 年跨年演講，銷售流水為 957.69 萬元，銷售數量為 5781 人，平均單價為 1656.62 元／人。

2019 年跨年演講，銷售流水為 1282.43 萬元，銷售數量為 7838 人，平均單價為 1636.17 元／人。

由上可見，僅一場演講就為思維造物帶來近 1300 萬元的銷售流水，可見做好公眾演講的變現能力之強大。在公眾演講方面，能做到邏輯思維這樣高度的並不多，想要一場演講就獲得千萬級門票收入更是少之又少，即使這樣，我們也不能不重視公眾演講。在有機會進行公眾演講時，一定要把握住機會，爭取最大範圍傳播自己的品牌 IP 或個人 IP。那麼，要如何把握機會呢？也就是要做好公眾演講，需要有哪些技巧呢？

演講的主要特點是「講」，對演講者而言，有文采不一定有口才。真正的演講家，既要善寫，還要會講。想成就一次精采的演講，掌握一定的

演講技巧必不可少。

1. 演講時的姿勢

演講時的姿勢會帶給聽眾某種印象，如大大方方的印象或畏畏縮縮的印象。雖然個人性格與平時習慣對於演講姿勢都有一定影響，但演講時還是要儘量做到「輕鬆的姿勢」。不要過度緊張，讓身體放鬆，因為過度緊張不僅會導致姿勢僵硬，還會影響舌頭的靈活性。有兩個小訣竅可以有效減輕緊張情緒，供大家參考：

(1) 張開雙腳與肩同寬，挺穩整個身軀；

(2) 將一隻手稍微插入口袋，或者用手觸摸桌邊，或者手握麥克風。

2. 演講時的視線

在大眾面前講話，就必須要承受眾目睽睽的注視。而且，並非每位聽眾都會對演講者投以善意的眼光。尤其當演講者走到麥克風旁站立在大眾面前的一瞬間，來自觀眾的視線有時甚至會產生刺痛感，儘管如此，也不可以避開觀眾的視線。具體而言，克服觀眾視線壓力的方法主要有兩個：

(1) 一邊演講，一邊從眾人當中尋找投來善意眼光的人；

(2) 將自己的視線投向那些「點頭」以示肯定的人。

3. 演講時的面部表情

演講時的面部表情無論好壞，都會給觀眾留下深刻的印象。緊張、喜悅、焦慮、興奮等情緒無不清楚地表露在臉上，這是很難由個人的意志來控制的。精采的演講內容，必須配上自信的表情，才能讓演講更有說服力。因此，演講時面部的表情也很重要。總而言之，控制面部表情的方法主要有兩個。

(1) 不可垂頭。垂頭會給人一種「喪氣感」，且視線不與觀眾接觸，難以引起觀眾的注意。

(2) 緩慢說話。說話的語速放緩後，情緒即可穩定，表情和身體都會放鬆，標準語速為 5 分鐘講三張左右的 A4 原稿內容。但要注意抑揚頓挫，否則從頭至尾都是一樣的語速，容易讓觀眾犯睏。

4. 演講時的發音與呼吸

科學的發音取決於科學的運氣，有些演講者時間稍微長一點就底氣不足，出現口乾舌燥、聲音嘶啞的現象，只得把氣量集中到喉頭，使得聲帶受壓，變成喉音，更加影響後續演講。

科學運氣發音需要平時加強訓練，掌握胸腹聯合呼吸法。要領是：雙目平視，全身放鬆，喉鬆鼻通，無論站姿或坐姿，胸部稍微前傾，小腹自然內收。

吸氣方法是：擴展兩肋，向上向外提起，感到腰帶漸緊，後腰有撐開感，橫膈膜下壓腹部擴大胸腔體積，小腹內收，用鼻子吸氣，做到快、緩、穩。

呼氣方法是：控制兩肋，使腹部有一種壓力，將氣均勻地往外吐，呼氣時用嘴，做到勻、緩、穩。

產品推廣場景：讓更多的人為你的產品買單

生活離不開演講，生意離不開演講。如果你正經營一家公司，經營某

個產品或服務，或者是一家公司的銷售人員，那麼都必然要進行產品推廣演講。

產品／服務推薦演講該如何進行呢？我們整理出如下步驟。

(1) 了解產品／服務。想要做好一個有效的產品／服務介紹演講，必須先把所要推薦的產品服務了解清楚，包括產品的各種性能、品質保證、外觀設計、售後服務等，都需要做全面了解。

(2) 條理清晰。介紹一款產品或一項服務需要有條理地進行，產品可以從性能、外觀、包裝、價格、競品等方面去介紹；服務可以分為售前、售中、售後三個方面去介紹。

(3) 使用方法。介紹產品或服務能給聽眾／客戶帶去什麼樣的用處和什麼樣的效果，所闡述的結論必須真實。

(4) 應用前景。介紹產品／服務的應用前景，消費者／客戶入手後會有怎樣的價值增長或下降，讓使用者買得放心，用得安心。

如果將一篇完整的產品推廣演講規定為滿分 100 分，那麼演講的每個環節都對應相應的分數。

(1) 產品講解（40 分），包括：①產品介紹有吸引力（介紹產品核心功能）；②講解內容有邏輯性（從原理到運用）；③語言簡練流暢，具有較強的思想性。

(2) 語言表達（40 分），包括：①演講者語言規範、吐字清晰、聲音洪亮；②演講者表達準確、流暢、自然；③演講者語言技巧處理得當，語速恰當，語氣、語調、音量、節奏張弛有度；④演講者的思想感情的起伏變化與所演講的內容相符合；⑤演講者能讓介紹充滿活力和幽默感。

(3) 形象風度（10 分），包括：演講者精神飽滿，能較好地運用姿態、動作、手勢、表情，表達對演講稿的理解。

(4) 綜合印象（10 分），包括：演講者著裝端莊大方，舉止自然得體，有風度，富有藝術感染力。

(5) 脫稿（10 分），這是一項超過 100 分之外的附加分，如果演講者在演講過程中能完全不看稿，那麼整個演講過程將額外加上 10 分。

透過上述介紹可以看出，要做好產品推廣演講，需做到的方面有很多。那麼，有沒有一個核心呢？也就是在演講中要額外重視的關鍵點呢？很多做過產品推廣演講的人，都會將介紹產品特點作為關鍵點，認為只要做好了產品特點介紹，觀眾／客戶就會自動買單。現實中凡是如此操作的人，都等於是做了一次失敗的產品推廣演講。

觀眾／客戶購買我們的產品，是以為我們的產品／服務可以滿足他們的需求。但一個問題產生了：有些同類產品或服務也可以滿足觀眾／客戶的需求，為什麼一定要買我們的呢？所以，只是講清楚我們的產品／服務與其他同類產品／服務有什麼不同是不夠的，還要進一步思考：這些產品／服務的特點跟觀眾／客戶有什麼利益關係？這才是關鍵。

當把重點從單純介紹產品特色轉移到觀眾／客戶的利益上面時，完成演講目標的機會將極大增加。因為產品特色只是產品的一個事實，但利益指的是這種事實能夠給觀眾／客戶帶去什麼。

例如，介紹一款充電器的特點：體積小，重量輕，電容量大。正確的產品介紹方式是不能一直停留在這些特點本身（如體積只有多少，重量只有多少，電容量有多大），而要跟觀眾／客戶的利益聯繫起來，可以這樣

說：「這款充電器體積小，重量輕，大家帶著它的時候會很輕鬆，可以一邊用手機，一邊充電，因為一隻手完全可以操作，絲毫不會有費力的感覺。而且放在包裡不占地方，很小的包也放得下，絕對的小體積大作用。加上它的電容量特別大，別的同等體積的充電器只能充兩三次，而它可以多充兩次，實在是居家旅行、日常在外的必備良品。」

這樣介紹一款產品／服務，讓觀眾／使用者非常有代入感，甚至在聽演講的同時就已經有了畫面感。如此，他們購買這款產品／服務的驅動力就增大了，從而引發更多人主動為產品買單。

銷售演講場景：現場成交，賣出產品收回錢

銷售無處不在。我們學溝通，學表達，學演講，目的是希望成為一個口才更好的人，以增強口才的變現能力，從而讓我們的生活變得更好。

很多從事銷售的人，都認為口才變現的最佳出口就是銷售。因為每銷售出去一個商品、一單商品、一批商品，都會有真金白銀流入。對於產品而言，銷售出去的價格越高，獲得的利潤就越高，企業和銷售人員獲得的利益也跟著水漲船高。這也是口才變現最有利的體現。總之，口才好的銷售人員一定比口才欠佳的銷售人員獲利更多。

相比較一對一的推銷產品，銷售人員在各類展示會上一對多地推銷產品，更容易發揮口才的價值，銷售變現的機率也會更大，變現金額也會更多。

展覽會上的銷售演講一般有兩個目的，一個是對外展示自己的產品和相關服務；另一個是達成現場成交，賣出產品產生收益。

本節所闡述的是後面一種情況，即銷售人員現場同客戶達成交易，不論大宗生意還是小宗生意，只要能達成的，都不會放過。

展覽會演講不可能是長篇大論式的，因為客戶都在展櫃前不斷迅速遊走著，只是會在感興趣的展覽會面前駐足仔細看看，認真聽聽。

有一次參加在「鳥巢」附近舉行的一次茶藝展，對於對茶道不太熟悉的我來說，這次真是大開眼界。整個展覽廳內有數百家展商在展示他們的「珍品」，其中很多都是平時難得一見的獨品。記得一家參展商的攤位上堆放了好多個大茶葉包，個頭大的能有半個立方米，上面都明確標注了茶葉的年份，居然有一包是 20 世紀 30 年代的。參展商告訴我，這是全國唯一的孤品，茶葉的名字忘記了。我很好奇存放了這麼久的茶葉不會變質嗎？商家告訴我，茶葉能儲存多久分品種，他們這些年代久遠的茶葉都屬於越陳越貴重的；而且茶葉的存放是講究的，如果存放得不好，也會導致茶葉變質。

逛了一圈之後，我也買了一些小東西，算是沒白來這一趟。此外，我還看到有人當場買下了幾千元一斤的茶葉和陳皮。更讓我有點驚訝的是，我看到一位賣陳皮的業務員以半演講半聊天的方式，成交了一筆大生意。在與買家交談時，這位業務員恰到好處地把握時機，將產品最吸引人的特點大聲解釋給包括當前顧客在內的所有潛在顧客聽。毫無疑問，當銷售人員將交談變為演講時，周圍的其他潛在客戶都會將目光停留在當下這位客戶的身上，這種時而被大家關注的感覺，也刺激了這位客戶想進一步和銷

售人員交流的欲望。

以簡短演講的方式同時吸引潛在客戶的目光和激發當下客戶的交流欲望，說明這是一次成功的銷售演講。下面，我們將在展覽會上的一些銷售演講策略羅列出來，僅供大家參考。

(1) 銷售人員要主動去跟站在攤位前面的潛在客戶聊天，主動去了解潛在客戶的需求，為接下來有可能的成交打下基礎。

(2) 銷售人員要對那些不了解產品的潛在客戶給予耐心講解，誰知道哪位潛在客戶是真正的目標客戶呢！我就是在和那家「珍品」商家交談了一會兒後，產生了購買他家茶葉嘗一嘗的想法，雖然買得不多，買的也只是普通的茶葉，但對這個商家來說，他又成交了一筆生意，而且還有可能在將來為他帶來其他的生意。

(3) 和潛在客戶交流時的開場白，不要說：「請問您想買點什麼？」多數人可能都是來看熱鬧的，他們也不知道自己能買點什麼。可以這樣問：「您喜歡我們的產品嗎？比如這款？」如果客戶挺喜歡的，就有了繼續聊下去的話題；如果客戶不怎麼喜歡，或許也會反問一句，這樣也有了進一步 交流的可能。

(4) 因為展覽會現場是面向所有潛在客戶的，作為銷售人員不能只被眼前的一位客戶吸引，而要盡可能地兼顧其他潛在客戶。所以我們剛才說的銷售陳皮的這位銷售人員就做得非常好，利用「演講＋交談」的雙重方式，一面鎖定了當下客戶，另一面照顧了其他潛在客戶。

(5) 因為是現場成交，每個人的時間都是有限的，因此要對客戶進行快速的判斷，既然這個客戶願意站在我們這個攤位前，就一定有一些值得

其停留的東西，此時銷售人員要儘快找出客戶的需求，並及時送上能解決客戶需求的商品，成交自然水到渠成。

招商演講場景：精采的演講，吸引企業合作

投資說明會作為一項大型的對外商業活動，要求所有負責招商引資的管理者都要格外用心。尤其是投資說明會上的演講，更是一個非常重要的環節。想要在投資說明會上體現出企業的優勢，從而獲得更多優質的合作機會，那麼演講者就必須要熟知以下幾點演講的注意事項。

(1) 對一些特殊任務進行公開致謝。如果投資說明會上出現了相對重量級的人物或者對企業發展有過重要幫助的人，那麼演講者就要在演講時對這類人物進行公開致謝，可以是短暫的鞠躬，也可以是簡單介紹後的帶頭鼓掌。

(2) 把握演講時間。演講者要充分把握演講的時間，不能讓演講耽誤接下來的招商流程。畢竟演講只是投資說明的一個開端，如果過於冗長，就會起到適得其反的作用。

(3) 明確演講的目的。在投資說明會上演講的目的是讓其他企業看到本企業的誠意，以便達成招商引資、簽訂合作專案合約的目的。

(4) 要有獨特的演講風格。演講者要有一定的風格，因為這代表了企業的形象。如果演講者的演講風格很吸引人，那麼就能夠給前來參加投資說明會的外部企業留下一個好的印象，無形中增大合作概率。

一場成功的投資說明會演講，不只是能夠感染和打動參展者的心，還能夠達到具備藝術魅力的效果。著名演講專家布萊恩·崔西曾說：「一場成功的演講，不必過分注重演講內容本身，但卻必須高度重視演講的藝術和技巧。」因此，在投資說明會上的演講，要求演講者必須具備一定的技巧。風趣輕鬆。在投資說明會上的演講，一定要具備深刻和風趣的雙重風格。該嚴肅的時候，就一絲不苟；該輕鬆的時候，就主動活躍氣氛。當然，演講者不能為了風趣而風趣，故意製造一些低級的場面，而是要求演講者在演講時流露出自己的熱情和真誠。或許那些來參加大會的外部企業家就是需要一場與眾不同的演講，那你的風趣恰恰能滿足他們，那麼這樣也就更容易達成合作。

　　(1) 緊扣主題。投資說明會的目的在於，招得商家，引得資金。所以，演講者在演講時一定要緊扣這個目的和主題，把握好演講的時間。一般情況下，演講時長在 20 分鐘左右，無數實例證明了，「漫長」的演講並不受人歡迎。簡短的演講就需要將與主題無關的都去除，只保留能緊扣主題的。只有演講者緊扣演講主題，才能讓外部企業家們明確主題，做出是否合作的思考。

　　(2) 感動對方。演講的一個重要目的是，演講者要用自己的風格感動前來參會的企業家和企業代表們。演講的內容通常包含：自信的笑容，具有哲理的語言，發自內心的熱情，流於言表的誠摯等。做到這些，就能增加讓外部企業與之合作的機會。

　　(3) 眼神交流。演講不是自說自話的獨角戲，需要和前來參加招商引資的外部企業進行即時的互動，比如進行眼神交流。演講者要用真誠的眼

光與對方互動，讓對方感受到自己的誠意，提高他們對本企業的印象分。

(4) 手勢輔助。手勢是演講時要傳達資訊的延伸，因此演講者需要借助一些手勢來提升演講效果。但前提是必須得體，且要有的放矢。如果演講者在某個時段不知道該做何手勢，可以將手隨意放在身體兩側，這樣會讓自己看起來更加從容。

(5) 妙語佳言。「銷售大師喬·吉拉德在公司的某次投資說明會上發表演講時說道：「大家下午好。當我說出『我喜歡你』這句話時，你們心裡想的是什麼呢？是不是感到非常高興？這是我在做銷售時最喜歡使用的一句話！好了，現在我是這次招商會的演講代表，我們言歸正傳，但我還是想說一句『我喜歡你』。接下來，請允許我代表我的公司，來介紹一下這次招商會的一些情況……」可見，喬·吉拉德的演講充滿了風趣與幽默，這種幽默感讓當時在座的企業家們都感受到了濃厚的熱情，使他們更願意聽演講，也更傾向於在輕鬆的氛圍中做出投資決策。」

資本路演場景：資本融資最佳路線圖

「路演」譯自英文 Roadshow，是國際上廣泛採用的證券發行推廣方式，指的是證券發行商發行證券前針對機構投資者的推介活動。在活動中，企業向投資者就本企業的業績、產品、發展方向等作詳細介紹，充分闡述上市企業的投資價值，讓準投資者們深入了解具體情況，並回答機構

投資者關心的問題。

路演在中國剛一出現，就得到了上市企業、券商、投資者的關注和青睞，也引起了其他企業的廣泛關注和濃厚興趣，並效仿證券業的路演方式來宣傳推廣自己企業的產品，形成時下盛行的企業「路演」。

到了現在，企業路演的概念和內涵已經發生改變和延伸，成為包括產品發佈會、產品展示與試用、優惠熱賣、現場諮詢、禮品派送、有獎問答、文藝表演、遊戲比賽等多項內容在內的現場活動。

資本路演是一些企業融資的最佳路線。但是，想在 5 分鐘內講清楚自己的項目，並且讓投資人感興趣，還是需要一定的技巧的。下面針對資本融資路演中的一些必備環節和技巧做詳細闡述。

1. 準備一份適當的商業計畫書

企業要根據不同的路演類型（大、中、小型）製作商業計畫書，展示時間一般在 5 分鐘到 20 分鐘。

商業計畫書是對企業的梳理，可根據不同行業和企業自身的特點靈活製作。一份完整的融資計畫書路演 PPT 應包含八項內容：投資亮點、基本情況、商業模式、行業分析、團隊介紹、財務情況與預測、發展規律、融資計畫。

路演 PPT 是演講者的輔助工具，所以不需要把所有內容都放上，選擇具有代表性的關鍵字、圖片和統計資料放到 PPT 上，配以簡短的總結性、強調性文字即可。如果演講時間允許，還可以加入短視頻來配合展示。

路演演講是要向投資人傳遞一些關鍵資訊，比如企業所在行業的發展趨勢、企業和競爭對手的對比優勢、企業的歷史財務情況和未來的盈利預

測等。

2. 講一個有邏輯、帶感情的故事

路演更多是表達和傳遞，把企業過去的、現在的和未來的成長故事講給投資人聽，且在故事中融入資料說明，來達到更具說服力的效果。

故事能不能聽懂，好不好聽，需要演講者把握好邏輯和感情。通常路演都需要企業創始人親自上陣，因此企業創始人要在這方面多加練習，也可以找非常專業的演講者來代替自己演講。

講故事是一個溝通、傳情的過程，需要具備邏輯性和情感帶動因素。邏輯性要根據所處行業和企業自身情況的不同獨立設計，但核心都是將關鍵環節串聯起來，通過講故事的形式去吸引投資人。情感帶動則強調演講者一定要精神飽滿，將企業精神、創業激情展現出來，切忌平鋪直敘。

3. 講出「痛點」和亮點

如果企業的產品或服務切實能夠解決使用者的某些「痛點」和需求，那麼就必須要強調出來。

企業應結合所在行業的特點突出自身優勢，可以從產品技術、核心團隊、市場管道、商業模式等多個方面展現亮點。比如企業在高科技行業內技術領先，這就是亮點；再如互聯網企業的產品解決了使用者的關鍵「痛點」，這就是亮點。演講者必須盡力展示產品或服務的細節與獨特價值，將亮點真正點亮。

相較於不經常或者從未有過路演經歷的演講者（企業創始人），投資人對於路演早已司空見慣，他們看過的項目不計其數，因此如果演講者能在路演最開始的 3～5 分鐘內把企業的亮點提煉出來，就能吸引投資人對

項目的注意力。

4. 突出團隊優勢，尤其是核心人物

投融領域有句經典名言：投企業其實就是投入。因此，投資人不只關注欲投資企業，更加關注欲投資企業的人。

曾做過的一個企業融資案例，投資人在跟企業領導者交流時說：「我們投資人不太懂這方面的技術，但是看到企業老闆是草根出身，在行業裡踏踏實實做了十年，這種專注非常值得認同。」這筆投資最終談成了，促成投資的關鍵因素就是企業核心人物的綜合素質。

5. 務實，不說假大空話

關於此，可分為三個關鍵點來討論。

(1) 關於技術。演講者總是喜歡誇大企業的技術能力，甚至喊出了「已做到全球第一」或者「目標是做到全球第一」。全球第一是那麼容易做的嗎？一家待融資的中小企業如何有實力說出這樣的大話？即便真有實力衝擊全球第一，也不至於這麼早就喊出來。千萬別小看投資人的能力，他們會關注一家企業，也一定是了解企業的相關行業情況的。

(2) 關於競爭對手。千萬別說沒有對手，這個世界上幾乎不存在沒有對手的企業，哪怕今天還沒有對手，可能明天就會有一堆對手冒出來。

(3) 關於資金。千萬別說「萬事俱備，只缺資金」，而是要將融資計畫和投資人講清楚，需要多少錢做哪些事，哪些地方要重點投入，未來可能會追加多少投入等。當然，可以適當說出企業發展目前遇到的困難，需要連接哪些資源等。不要覺得不好意思，這是人之常情，沒有困難就不會想到找投資了。

競選演講場景：給別人選擇你的理由

企業內部的崗位競選（或競爭）演講，不僅要在氣勢上先聲奪人，還要讓聽眾認可你的真誠老實，同時語言要簡練有力，內心要充滿自信。

(1) 氣勢先聲奪人。競選演講的重要特徵是要具有競爭性，而競爭的實質是爭取觀眾的回應和支持。做到這些的有效方法是必須有氣勢，當然氣勢不是霸氣和傲氣，而是浩然正氣。

(2) 態度真誠老實。競選演講就是「毛遂自薦」，要將自己的優點毫無保留地展示出來，讓觀眾盡可能地了解自己。但要注意的是，在「展示」自己時，態度必須真誠，作風必須老實，有一分能耐說一分能耐，誇誇其談和弄虛作假是絕對不可取的。

(3) 語言簡練有力。老舍先生說：「簡練就是話說得少，而意義包含得多。」競選演講雖是宣傳自己的好時機，但也不能長篇大論，而是應該用簡練有力的語言把自己的核心思想和具體能力表達出來。

(4) 內心充滿自信。不要怕推銷自己，只要你認為自己有才華，就應該認為自己有資格擔任所競選的職務。一個人充滿自信時，站在演講臺上面對眾人時就會從容不迫，以最好的狀態來展示自己。

除了上述四點必須要注意外，競選演講還需要一些技巧加持。相對於沒有技巧，有技巧的競選演講的成功率要高出三倍以上。下面給出了競選

演講必須要了解的實用技巧。

1. 演講內容要有實用性

一個好的演講，必須要考慮演講的「金字塔體系」。金字塔中處在最底端也是最重要的是故事，這個故事可以是演講者自己的，也可以是他人的。好故事要有目標，讓聽眾受益，並在不知不覺中體現出自己的優勢。

事實上，所有公眾演講的目的，就是對有價值資訊的傳達。但是，如今的大部分演講都不能流暢地傳達資訊和說服觀眾，大都變成了密集地向觀眾單向灌輸資訊和傳達資料的直白說明會，這根本不可能說服觀眾。

2. 整個演講要有邏輯和條理性

我們必須了解，演講不同於和家人朋友閒聊，演講是一場有規則的競賽，甚至可以說是一場無硝煙的戰鬥。這些規則是什麼呢？就是要讓觀眾清楚理解演講者想要表達的意見或立場，並通過一條清晰的邏輯鏈條來傳遞信息，使觀眾能夠迅速地理解。雖然不可能做到完全無矛盾，但至少要避免明顯的自相矛盾，並盡可能獲得最廣泛的認同。邏輯在演講中有兩個層面，首先是準備的演講稿的行文邏輯，這是整個演講成功的基礎；其次是演講時的話語邏輯，即便是同一篇演講稿，有的人能讓話語抑揚頓挫，而有的人則顯得平淡無力，這就是演講中邏輯的影響。對於演講者來說，掌握好演講的邏輯對於調整個人的情感、語氣、語調以及整個演講的內容至關重要。

3. 競選演講的整體規則

關於這一點，我們總結出以下幾個關鍵性邏輯僅供參考。

(1) 有趣的演講。如果演講比較長，應加入一些小故事進行串聯，並幫助闡述觀點。

(2) 放慢速度。緊張或沒經驗的演講者更容易在演講時像機關槍一樣說個不停。

(3) 眼神交流。與所有觀眾進行眼神交流。

(4) 用 15 個詞做總結。把自己的想法用 15 個詞總結出來。

(5) 提高音量。演講最忌諱的就是觀眾無法聽到演講者在講什麼。

(6) 不要讀幻燈片。很多人都認為自己可以脫稿演講，可事實卻是常常回頭看螢幕讀幻燈片。

(7) 不要事先計畫手勢。演講中的任何手勢都應該是所要傳達的資訊的延伸，而不是為了加動作而加動作。

就職演講場景：為你的未來打開一扇窗

上一節講述了競選演講，而有競選就會有就職，所以在競選演講成功後，就一定會有一場就職演講。現在，假設自己是就職演講的主角，那麼此時該如何進行就職演講呢？如何通過就職演講為自己的職業生涯打開一扇新的窗戶呢？

先來看看就職演講中所必須遵守的五項原則是什麼。

(1) 充分準備原則。在進行就職演講之前，必須做足準備。首先要了解自己所競選成功的職務，然後以嚴謹的邏輯和清晰的條理寫好演講的提綱和內容，最後是熟悉演講內容，保證演講效果。

(2) 觀點明確原則。就職演講切忌東拼西湊，也不能請人代筆，因為這

兩種做法都會缺乏真情實感，必須自己親自操刀，且觀點要足夠清晰明確，充滿理性，讓觀眾一聽就能領悟其核心，並予以認可。

(3) 語言運用原則。需要嚴謹對待就職演講，但就職演講並非一場學術性的演講，因此應慎用晦澀難懂的學術名詞或學術語言，儘量多用通俗易懂和簡單明瞭的普通語言甚至大白話，讓觀眾輕易明瞭的同時，拉近和他們的距離。

(4) 結合實際原則。就職演講必須結合實際現況，比如可以在演講中加入一些時事的東西或正在流行的元素，增加演講的趣味性，但要避免出現爭議性話題，免得引起非議。

(5) 建立自信原則。進行就職演講時，台下會坐滿觀眾，面對眾人的目光，演講者可能會感到膽怯，但此時必須調整好心態，充滿自信地去面對。但關於演講自信心的建立，並非一蹴而就，需要在平時就有針對性地進行鍛鍊，以讓自己在演講時更快進入狀態。

說完了就職演講所必須遵守的五項原則，接下來看看進行一場漂亮的就職演講需要的技巧，主要包括 4 個「借」。

1. 借「時」發揮

就職演講有具體的特定時間，有的演講者會巧借就職年份這個特定的時間盡情發揮，取得非常好的效果。

例如，某公司銷售部經理在就職演講中，就在表態一段借助了時間：「今年是馬年，過馬年，大家一起上馬背，我們銷售部『馬上人』的態度是：立馬行動、一馬當先、萬馬齊驅、快馬加鞭，搶立汗馬功勞，爭取馬到成功。」

該部門經理利用一連串以「馬」為主題的比喻來構建他的演講，透過妙語連珠、貼切生動的表達，以及真摯的情感，使這次演講極具感染力。

2. 借「物」發揮

演講總體而言是比較空泛的，如果只是一味慷慨陳詞，將會更加空泛。因此，可以借助現實中實際存在的東西，將演講從天上拉回到人間， 要知道，接地氣的演講往往更能打動人。

例如，某公司人事部總監在就職演說中，借助自己的家鄉發揮了一下：「我的家鄉是遼寧省遼陽市，那是一個盛產煤礦的小城市。遼陽產的煤，能熔入你們的火爐，我感到非常榮幸。但要說明：遼陽產的這塊煤，灰分肯定不少，盡了努力，熱值不一定很高，靠大家幫忙了。」

演講的開場白構思新穎、不落俗套。「遼陽產的這塊煤」，這是自比，寓意自己不是「閃閃發光的金子」；把公司比作「火爐」，寓意公司這個大家庭；「灰分肯定不少」，這是在自謙；「盡了努力，熱值不一定很高，靠大家幫忙了」，寓意自己會盡力工作，並希望得到大家的配合。

3. 借「事」發揮

就職演講是在選舉結束之後進行的，而選舉的過程總能給人留下深刻的印象，因此，可以借助選舉中的某一具體事情盡情發揮。

例如，某公司市場部總監在就職演說中，就巧妙地借助選票數做了點文章：「這次選舉，我再次當選市場部總監，並得了『180%』選票。不要笑，這裡的80%是大家投給我的，另外100%是我自己投的。80%的選票說明，有人對我之前的工作不夠滿意，這對我是非常好的鞭策，所以我給自己投了100%的選票，是想向大家表個態，在接下來的工作中，我當不斷進取，

每一天都超越昨天的自己，力爭帶領大家共創事業的新高度。「上述演講的巧妙之處，就在於先給出了一個不存在的選票，故設懸念，然後再親自解釋，解開懸念。演講內容設計巧妙，邏輯性強，讓觀眾感到誠實、可信、可敬。

4. 借「景」發揮

成功的就職演講者很善於捕捉會場場景，每一處有用的細節都會盡收眼底，包括台下觀眾的目光，這都可作為演講發揮的緣由。

例如，某公司倉儲物流部經理在就職演講中，就巧妙地借助觀眾的目光發揮了一番：「我登臺演講，收到了大家不少的『禮物』，就在此時此刻，我還在源源不斷地接收著大家的『禮物』。大家可能很納悶：我沒送過什麼給你呀！其實，大家確實是送了，但都是在不知不覺中送的，這個『禮物』就是你們的目光。我發現，大家向我投來了各種各樣的目光：有信任的，有期待的，有疑惑的，有不屑的……不管是怎樣的『禮物』，我都願意收下，因為這是對我的鼓勵與鞭策。」

演講者開場以觀眾送來的「禮物」故設懸念，引起觀眾的驚訝和疑惑，接著對「目光」作了饒有興趣的解讀與分類，最後表態會將這些「禮物」一併收下，因為這是對自己的鼓勵和鞭策。

發佈會演講場景：口才是讓別人了解你的第一名片

發佈會通常是指新聞發佈會，也稱為記者招待會，是企業向新聞輿論界發佈有關資訊，來解釋或者宣佈一些重大事件的大型對外活動。

對企業來說，新聞發佈會往往意味著要對外做出重大決定，領導者的演講就顯得尤為重要，因為領導者不僅代表著自己的身份，更代表著整個企業的形象。所以，領導者演講時自身形象和演講得是否成功就很重要。

一位優秀的新聞發佈會發言人，需要做的不僅是注重發佈會演講的基本禮儀和明確發佈會演講的核心目的，還需要在此基礎上為觀眾呈現一次精采的演講。新聞發佈會相對於其他的外界發言，是一種比較特殊的模式，進行得好不僅能震驚輿論界，還可以樹立企業形象，達到宣傳的目的；若是進行得不好，則很可能會給企業帶來負面新聞。因此，作為新聞發佈會的發言人，領導者必須通曉其中的演說技巧，做到萬無一失。

1. 熟悉新聞發佈會演講詞的風格

新聞發佈會上的領導者（發言人），一定要注意發言風格，必須做到穩重、得體，要使用官方化的措辭。

首先，領導者作為企業發言人在發言時，需表現得十分自信、親切。其中自信能夠凸顯發言人的立場，讓觀眾以及新聞媒體對發言人產生信任。發言人同時也是企業和外界溝通的橋樑，其親切的風格也是必備的。

其次，當企業發言人在新聞發佈會上要澄清一些對本企業不利的事情時，要有一定的幽默諷刺風格。例如，史蒂夫·賈伯斯曾在澄清蘋果設計被洩露的事件時表示：「實際上，公司的每一位員工都有自己的私人生活，他們都是年輕人，也會去酒吧、夜店。因此，關於洩露設計的事情，或許你們應該去調查某位常變換造型的女士。但即使出現了這樣的謠言，我們的設計到現在仍是無與倫比的，這又告訴我們什麼呢？謠言終究只是謠言，不可信任。」

2. 簡潔明瞭，條理清晰

記者們總是善於從很微小的事情中揣摩出漏洞，所以，如果只是很簡單地向外界宣佈一件事情，就應該乾脆果斷、簡潔明瞭地講出，絕對不能拖泥帶水，因拖延越久，就越容易給記者更多自由發揮的空間，也讓記者有機會繼續深挖細問，很難保證在回答過程中不會出現差錯。

此外，領導者的發言必須條理清晰，在邏輯上不能讓記者抓到任何漏洞和能夠製造漏洞的機會。

3. 發言中要提供給輿論界一定的新聞

記者來到企業的新聞發佈會，就是想要獲得有價值的新聞，因此企業領導者在發言時，可以在不違反國家法律和不洩露企業秘密的情況下，和記者們主動談及一些對企業有利的情況，這樣既滿足了記者的要求，也加強了對企業的宣傳。但是必須注意，這些主動談及的資訊，一定是對企業有利的資訊，且同時運用了簡潔明瞭和條理清晰的技巧。

動員會演講場景：激情點燃全場，讓聽眾為你拚命

領導者拓展工作常常要通過召開會議的方式，而眾多類型的會議中，以動員會傳遞出來的工作能量最高。動員會是指企業要組織拓展某項工作或活動，啟動之前，為了統一思想、振奮精神、提升士氣、宣佈統一實施計畫等所召開的會議。在這種會議上，通常有負責主抓待啟動工作的領導者發言，還有負責執行待啟動工作的基層代表發言。

一場高品質的動員會，可以最大化點燃員工的工作熱情，形成一股「三軍用命」的協力狀態。當然，動員會也不是只喊口號、空表決心，而是需要領導者向全體與會人員發號召，下指示，鼓舞與會者的士氣，喚起與會者的工作熱情。

例如，某醫院準備申請成為三級甲等醫院，所有相關的計畫工作都已準備就緒後，決定召開「邁向三級甲等醫院動員大會」。如果您是該院負責此項任務的主管，而且需要在這次大會上發言，您會從哪幾個方面來講述呢？您又將如何講述這些內容呢？

參考範例：

「同仁們，在這風和日麗、鳥語花香的日子裡，也是在這萬物勃發、激情湧動的時代中，為了醫院的未來，也為了我們大家的明天，我們聚集在這裡，召開本院全體員工動員大會，這標誌著我們爭取成為三級甲等醫院的工作正式開始。

我們召開這次大會的目的，是要動員大家堅定信心，提升認識，端正心態，激發幹勁，讓全體員工參與，積極投入到成為三級甲等醫院的工作中，力爭在主管部門設定的時限內完成申請工作，並滿足成為三級甲等醫院的各項必要條件和要求，確保我們的申請能夠順利通過。

概括地講，我希望全院同仁做到以下幾點。

首先，認清現實與理想之間的差距，努力追趕並超越。這次評審是一次難得的機會，同時也是一個巨大的挑戰。目前，我們醫院距離三級甲等醫院的標準還有相當大的差距，因此，我們必須提升認識，統一思維，動員全體員工，將所有精力集中於成為三級甲等醫院的努力中。

第二，提升醫療品質，確保醫療安全。這是達成三級甲等醫院認證的關鍵措施。大家必須清楚地認識到，評審不只是比較，更是一種對我們醫院在保證品質、確保數量及安全，提升效率等方面措施落實的認證。

「第三，提升服務品質，加強行風建設。這是達到三級甲等醫院標準的重要保障。服務品質直接影響醫院的社會效益與形象，而行風建設則攸關民眾的直接利益，這兩項也是民眾普遍關注的焦點問題。

「同仁們，爭取三級甲等醫院的評審工作極其艱巨，對我們醫院的管理團隊和所有員工來說都是一次嚴峻的考驗！我堅信，在各級領導的大力支持下，在管理團隊的團結協作下，在各位同仁的齊心協力下，我們的目標一定能實現。謝謝大家！」

上述案例清楚地顯示，在動員大會上，領導者的發言應該遵循以下主線：首先強調主題→說明目的→提出要求→寄予希望，並將焦點放在工作部署上，越具體越好。不僅要具體指導如何實施工作，還要能鼓舞與會者的士氣，激

發大家投入工作的熱情。此外，由於是動員大會，其本質應以激勵為主，因此，演講者的語音和語調應富有激情，以達到感染在場所有人的效果。

報告會演講場景：讓觀眾在你清晰、精練、準確的表述中認同你

報告會是由一人或多人針對某些問題向主管進行的專題演講。

這種會議的目的可能包括向主管報告工作進展，反映當前情況，提出意見或建議，以及回答主管的提問等。

報告會演講必須符合以下四個原則。

(1) 限定原則。報告演講中的具體要求主要體現在三個方面：①報告演講的內容和材料必須限定在報告者自己的職責範圍內；②報告演講的內容和材料必須來自於報告者在任職期間所獲得的資訊；③彙報演講的時間通常限定在 15 至 20 分鐘之間。

(2) 客觀原則。通常情況下，報告者與觀眾是屬於同一企業的，雙方長時間在一起工作，彼此基本上是相知的。因此，會報者在演講時必須實事求是，否則就會輕易被觀眾看穿，給自己帶來不好的結果。

(3) 嚴肅原則。報告演講場合的莊重性、主管領導的重視、部屬員工的監督等，都要求報告者必須嚴肅認真地對待報告演講，以顯示其重視度，樹立自我形象，更進一步地實現自我價值。

(4) 評議原則。按照一般的報告程式，在報告者演講完畢後就應迴避，接下來由觀眾進行分組討論和民主評議，辨別其報告內容是否屬實、是否正確和是否客觀，對其給予鑒定。之後將「鑒定」結論和報告一併交主管部門作綜合評估，來作為報告者升遷、留任、降職、調整等的重要依據之一。

報告會演講方式可以分為三種，準確的說應該是分為三個層級：低層級是照讀式（預先寫好報告內容，然後完全照本宣科）。因為報告者將精力全部集中於讀稿上，無法與觀眾進行交流，因此這種方式會影響報告效果。中間層級是背誦式（預先寫好報告內容，然後背誦式地講出，如果忘詞了就看稿回顧）。因為演講的過程中會出現「短路」的情況，因此這種方式同樣影響報告效果。高層級是即興式（演講前反覆熟練講稿，演講時根據已有內容，即興組織語言）。因為不受具體演講稿的束縛，報告人可根據實際情況充分發揮生動的口才能力和得體的姿態語言，在激情、聯想的作用下使自己的演講更生動、更形象、更有針對性，這種方式的報告效果無疑是最好的。

無論採取上述哪一種方式，都要明白報告會演講的語言必須樸實、精練，同時具有清晰的邏輯性。

報告者在使用演講語言時應該追求樸實、通俗、具體，絕對避免使用花哨、令人感覺虛偽或做作的表達方式。

報告整體必須精練，報告時間為 15 ～ 20 分鐘，按正常播音速度 180 字／分鐘計算，報告者的演講稿不得超過 3000 字。要在有限的字數裡，把自己任職以來的主要成績、經驗教訓等較為完整、系統地表述清楚，且做到語言精練、邏輯清晰、措辭準確、詳略得當。

脫口秀演講場景：讓觀眾在笑聲中為你買單

脫口秀（US-TalkShow）是一種談話節目的形式，也可稱為 Stand-up comedy（單口喜劇），中國香港地區稱為棟篤笑，臺灣地區稱為獨角喜劇。

中國傳統單口相聲，也許在西方人眼中也屬於 Stand-upcomedy，但自成體系，與歐美傳過來的單口喜劇並不一樣。我們此處討論的脫口秀是指《脫口秀大會》中的 Stand-upcomedy。

「嚴格來說，脫口秀也是演講的一種形式，但其目的性和重點有所不同。演講主要是用來表達觀點和主張，說服聽眾是其核心目的。相對而言，脫口秀主要目的是逗樂聽眾，重點放在幽默的表達上，而觀點和主張則多半隱含其中，不是主要內容。很多人將脫口秀視為講笑話，這種看法不無道理。然而，單一笑話的長度有限，通常只有幾句到十幾句話，但脫口秀節目短則幾分鐘，長則十幾分鐘，甚至更長，單靠經典笑話是無法支撐整個節目的。此外，脫口秀的精髓在於「包袱」的連續使用，每一句話都需承接前一個「包袱」，以確保笑料連貫，避免中斷導致「笑果」降低。因此，優秀的脫口秀表演者會追求每句都是「包袱」，並逐漸提升「包袱」的搞笑層次，以增強節目的持續效果。顯然，要達到這樣的效果絕非易事，需要表演者有極強的故事編排和「包袱」穿插能力，還需要有一些技巧的加持。

下面，我們就對脫口秀表演中涉及的一些關鍵技巧進行總結，希望能夠為正在從事或者渴望從事脫口秀表演的人提供一些幫助。

技巧1：真誠、用心。為了提升表演效果，大部分脫口秀演員上台都在說自己的故事，儘管後面又常否認。但演員切身經歷和體會過的故事才是最打動人的，觀眾也都能真切地感受到。

記得一位患有先天疾病的脫口秀選手，雖然看著與普通人有些不同，但他非常樂觀地接受了現實，也很努力地經營著自己的人生。他能夠勇敢地站在舞台上對自己的缺陷進行調侃：「我們都有病，只不過，我的，更明顯一點。」這份勇氣和豁達，讓人忍不住為之喝彩。

技巧2：模仿高手，惟妙惟肖。脫口秀也可理解為講故事，只是講的故事非常搞笑，且生動。而在講故事時，脫口秀表演者主要是用聲音塑造人物形象，用肢體語言進行輔助。

「你至於嗎？你今年二十幾？十八！介你是青春期啊！你聽伯伯的，伯伯是過來人……」這是一位表演者在脫口秀中的模仿片段。恐怕很多人透過「介」就知道這位表演者模仿的對象了，就是「沒有什麼解決不了的天津大爺」。而後這位表演者還借助「天津式英語」讓天津大爺在美國的一次「人質解救事件」中英雄了一次。

培養模仿能力絕不是死板地照搬照抄，而應從觀察生活開始，從中發掘生動的形象，然後將其儲存起來，待到適當的時機再運用在創作上。

技巧3：學會停頓，敢於停頓。連接與停頓是一對雙生花。連接，需要有停頓做積累，需要有感情做策動；停頓，需要有連接做鋪陳，需要有懸念做支撐。

有些脫口秀表演者喜歡妙語連珠式的表演，但有些表演者則喜歡慢條斯理地講故事，在最恰當的時刻停下來，然後給出出人意料的反轉。

「有一天晚上，下暴雨，我在街邊，看到一個男生，忽然蹲下大哭，哭得很慘，更悲哀的是，路過的人，不僅沒安慰他，還圍上去，拍短視頻，我很心酸，我走過去，我說，『兄弟，你怎麼了』，他說，『哥，我們在拍短視頻』。」

聽聽這段話，如果按照寫作的標準看，簡直就是不及格，斷句太頻繁了，而且「我」用得同樣頻繁。但這不是寫作文，而是表演節目，整體效果非常好，每次斷句都是對最終反轉的積累，連續強調三個「我」是對整體「悲哀」氛圍的烘托。其實，在最終反轉「我們在拍短視頻」之前，表演者已經說出了「拍短視頻」，這種前後呼應，增加了作品的整體效果。

技巧 4：故意尋找錯誤的重點。這裡所說的錯誤不是真的錯誤，而是一種為了節目效果的特異性解讀。脫口秀其實就是一種「反常識」，通過對比、反差製造效果。

例如：「網路上一大半人都在罵男足。我很失望。剩下那一半是沒有鍵盤嗎？」脫口秀表演會用一些其他視角的語氣，但是說出的話又一定是符合當下的角色視角的。

第九章
培訓口才變現：藉由企業培訓，
讓員工創造利潤

　　培訓是實現員工升級最直接、最管用的方式。任何企業都應該建立起適用於自身發展的培訓機構，幫助企業發現並培養出越來越多的人才，成為真正的「人才基地」。其中，尤以口才能力培訓為重點，企業藉由對員工進行口才變現能力的培訓，來達到企業整體執行力的提升。

企業培訓，旨在激發員工內力，引爆企業利潤

　　企業培訓是每個企業都必須要進行的工程。只有經過正規的培訓，員工才能提升並具備企業所需要的一切素質。也就是說，未經過培訓的員工是低配置的，經過培訓的員工才是合格的員工。

　　我們來做一個對比，看看一名經過成功培訓的員工和一名未經過培訓的員工，究竟有哪些方面的差距。

　　經過培訓的員工：能力強，知識面寬，執行力強，綜合素質高，價值觀與企業相符。

未經過培訓的員工：能力不強，知識面不寬，執行力不強，綜合素質不高，價值觀與企業不相符。

由此可見員工培訓對於企業的重要性。那麼，要如何做才能實現員工從低配到高配的升級培訓呢？

如果你認為企業培訓的目標是幫助員工提高技術能力，那麼這表明你的觀念還停留在三十年前，因為這只是企業培訓的短期目標，而非長期目標。

所謂培訓目標，是進行全體員工培訓計畫的依據，所有的培訓內容都用來輔助實現這一目標。想要執行優質的培訓計畫，必須明確企業發展戰略，圍繞發展戰略培養企業最需要的人才。圍繞企業發展目標所培養出的人才，不僅是企業長期發展所需要的，而且還與企業價值觀高度契合。

某公司負責人喜歡透過績效獎勵促使員工提高工作業績。但是，員工的總績效很難提高，有的員工不在乎獎勵，根本不努力；有的員工非常努力，但能力有限或方法不對。

可見，單純的物質獎勵並不能達到提高員工工作業績的目的。如果採用培訓的方式，雖然見效過程緩慢一些，但成效顯著。企業可以通過集中培訓的方式，提高員工的工作態度，增強員工的工作能力，幫助員工從根本上認識工作的本質，調動其主觀能動性，提高工作業績。

同時，經過企業的培訓，員工在接受新知識、新資訊、新能力的同時，也能感受到企業對自己的關心和重視，使得培訓對於員工來說不僅具有拓展知識和提高技能的作用，還具有提升信心和激發工作熱情的效果。

因此，企業培訓不僅可以增強員工對企業的認同感，還可以讓員工從

工作中收穫屬於自己的滿足感和自豪感，增強他們之間的凝聚力以及他們與企業之間的向心力。

員工培訓最重要的目的之一就是統一價值觀，包括員工與企業間價值觀的統一，員工與員工間價值觀的統一。

通常情況下，員工與企業無法保持價值觀的一致，企業想要長久發展，員工渴望短期利益；企業追逐整體利益最大化，員工追求個人利益最大化。而培訓是解決上述價值觀衝突的最好辦法，不僅可以讓員工了解企業的過去，增強對企業的信心，清楚企業未來的發展規劃，更重要的是清楚待企業發展壯大後自己能得到怎樣的回報。

高品質的企業培訓也能提升企業的核心結構——企業文化。只有當企業文化具備積極、務實、誠信、開拓的優良特質時，經過培訓後才能真正地在員工身上體現出來。因此，在進行員工培訓之前，企業必須先將文化建設調整到位，打造出高品質、完美無瑕、具有價值的文化體系。

企業在對員工進行培訓時，也要注意將優秀的企業文化輸入員工的大腦，使得每一位員工都能深刻認識自己是企業文化的代言人，是企業的文化大使，絕不能做出有悖於企業文化的行為。

綜上所述，企業培訓已不再是單一的知識與技能的傳授，而是擴展為企業與員工共同成長的綜合工具。著眼於企業的長遠發展，員工培訓將在增加人力資本存量、提高人力資本能力、調整人才結構、激發員工內力、引爆企業利潤等方面發揮越來越重要的作用。

要想培訓口才變現，就必須注重調動觀眾

很多人對職場口才有個誤解，領導者必須具備好的口才，一般員工不需要口才，只要好好工作就可以。但是，工作是綜合能力的體現，口才能力不也是能力的一項嗎？會說話是一個人事業上升的保障，可加速事業成功的進程。

某公司有兩名小客車司機，因應業務精簡的需求，兩人中只能保留一位，因此不可避免地需要進行一場競爭以決定留任者。

第一名司機說：「將來我開車時，一定會把車整理得乾乾淨淨、井井有條，嚴格遵守交通規則，保障領導的安全。而且我會盡量節省油耗，幫公司節約開支。我還會恪守職責，不去想不應該想的事，不去做不應該做的事，專心做好一名出色的司機。」

第二名司機說：「我一直嚴格遵守公司的三大原則，未來也會繼續這麼做。此外，我還自訂了三條規則，並保證遵守：第一，可以聽，不可說；第二，可以吃，不可喝；第三，可以開，不可私用。」

領導聽完後，對第二名司機的發言非常滿意，因此選擇留下了他。那麼，第二名司機的發言為何會受到青睞呢？關鍵就在於他提出的那三組「得……不得」。他說「可以聽，不可說」，意指作為司機時可能會聽到領導討論一些需要保密的工作事項，自己則只能聽，不能泄露；他說「可

以吃，不可喝」，是因為作為司機經常需要陪同領導參加各種活動，雖然要吃飯，但不能喝酒；他說「可以開，不可私用」，這表明即使是領導的司機，也不會在領導不使用車輛時私自使用公司的車輛。

中國有句老話「會幹的不如會說的」，講的就是口才的妙用。如果能力出色，再加上出色的口才能力，在激烈的競爭中，就能獲得更多的機會。試想，如果一個人連表達能力都不具備，那麼在工作中又如何與他人溝通呢？領導又怎麼能放心把工作交給一個不會溝通的人呢？因此，作為企業工作人員，無論自己處於什麼崗位，都必須加強對口才能力的鍛鍊，而企業也應該加強對員工口才能力的培訓。雖然不至於讓員工各個都有「蘇秦之口，張儀之舌」，但口才能力的提升絕對有助於更好地完成工作。

提升口才並不是單純的努力用功，而是應該找對方法，如此才能更有效率。下面，給大家分享一些有關職場口才培訓的內容。

(1) 主持晨會培訓。安排員工每天輪流主持晨會，人人都有參與的機會，可以調動員工的積極性，還可以在每一天主持的過程中，相互對比、學習和互動。

(2) 專業性培訓。一舉一動都要表現出專業性，如專業性的微笑、專業性的握手。

(3) 確定性培訓。確定對方說出的內容，可以將對方溝通中的關鍵字經過自己的語言修飾後回饋給對方。

(4)「先跟後帶」培訓。表達者的觀點和聽者的觀點是相對的，在溝通中應當先讓表達者感覺到來自聽者的認可和理解，然後聽者再通過語言組織和內容誘導拋出自己的觀點。這樣做既有助於化解矛盾，又能加快溝

通效果，加快工作進度。

(5) 聲音培訓。表達自己的想法時要有自信，用適當的音量（對方明確可以聽得到）和聲調保證聽眾能夠清晰地聽到表達者說出的每一個字，避免產生誤會。

(6) 傾聽培訓。不是簡單地聽，而是需要聽者全面把握表達者闡述的內容和意思，讓自己能夠準確地向表達者發出回饋。

(7) 肢體語言培訓。肢體語言可以用在許多不能用語言表達的場合。在通過語言溝通之前，可以用肢體動作告知對方自己是否贊同或者反對他的觀點。合理地運用肢體語言和態度回饋，能夠使談話更加高效。

優秀的企業培訓講師應該具備「講」的能力

隨著行業競爭環境的日益加劇，企業必須充分調動員工的積極性，開發員工的潛能。作為企業培訓師，必須找到一種比傳統培訓方式更有效的培訓模式，其中的核心是「講」的能力。但「講」的能力雖然是核心，也不意味著培訓就只有「講」這一種方式。「講」是培訓師的必備能力，但需要附加各項綜合能力，才能將「講」的能力更好地發揮出來。那麼，企業培訓師都需要具備哪些個人素質呢？

(1) 自我感知的能力。企業培訓師需要有一定程度的自我認識和自我接受的能力。與其他任何從事幫助他人的工作一樣，能夠意識到激勵我們

自己的因素很重要。

(2) 激勵他人的能力。企業培訓師能夠及時發現受訓者的發展需要，並透過激勵的方式去激發受訓者的內在動力，激勵其認同自己的情感和價值觀，為獲得和實現他們自己的人生目標而努力。

(3) 溝通的能力。企業培訓師應該擁有廣泛的人際交往和溝通的技能，能充分表達自己的想法，並對他人的擔憂表示出敏感和耐心。

(4) 共情的能力。企業培訓師要能夠對受訓者表現出對其世界觀、價值觀、個人夢想的贊同與理解。

(5) 傾聽的能力。企業培訓師要能夠聆聽受訓者的言論，提出能激發受訓者熱情的適當的問題，經常做出清晰的、直接的回饋。

(6) 回饋的能力。企業培訓師必須願意與受訓者進行坦誠的交流，能夠清楚地識別出自己在受訓者那裡不受歡迎的行為根源，同時不應過於顧及受訓者的反抗情緒或者過於顧及受訓者擔心自己讓培訓師不喜歡。

(7) 變通的能力。企業培訓與固定的課程安排不同，培訓雖然也有日程表，但整體進度更加靈活。企業培訓師能夠根據培訓的進度和效果，調整培訓日程，並進行課外培訓，以適應不同受訓者的需要。

(8) 前瞻的能力。企業培訓師不能只是停留在培訓開始時的狀態，也不能陷入對情感、目標的關注或是對失敗的害怕中。如果受訓者最初的培訓是不成功的，優秀的培訓師能夠扭轉這種局面，並能從根本上尋找導致受訓者培訓受阻和無效的原因。

(9) 控制的能力。不管最終的培訓結果和培訓收益如何，受訓者在接

受培訓之初，總是抵制改變的，這是由人性的劣根性決定的，因為人們總是害怕在改變的過程中失去一些東西。培訓是與員工的個人成長、未來發展和持續變化相關的，培訓師顯示出的對關注於目標和行動計畫的控制力，將最終為受訓者所接受，並為受訓者帶來其所期望的能力提升和行為變化。

除上述能力外，企業培訓師還應具備把握職業局限的能力、診斷問題並找出解決方法的能力，以及從事商務的能力。上述這些能力中，大部分都直接與「講」的能力有關，其他的也會間接地涉及「講」的能力。優秀的企業培訓師，不僅能為企業培訓出合格的員工，還能為企業的發展注入人才基因，確保企業在發展過程中永遠年輕和充滿活力。

把灌輸模式轉換成對話模式，培訓才更有效果

傳統的培訓就是講與授，如同「杯與壺」，受訓者就像空杯子，等著培訓師從知識之源——「壺」裡將所培訓的內容注入給自己。對於受訓者而言，這是一種被動的培訓方式，受訓者不會被要求去檢視自己的感覺、想法和領悟，只能接受傳遞過來的方法與技能。

如今，提倡將灌輸模式培訓升級為對話模式培訓，將受訓者視為培訓的主體，通過讓受訓者共同參與任務、遊戲、挑戰等活動，激發他們的潛能，提高他們解決問題的能力。

其實，對話模式培訓是一個過程：首先，受訓者對當下的狀況有明確

的認識，並接受這種狀況；其次，受訓者主動尋求培訓機會；最後，運用被教授的知識和能力去解決問題。

這個過程是令人快樂的，所有參加對話模式培訓的員工，都不會排斥這樣的培訓過程，反而會主動參與。因此，對話模式培訓有利於緩解企業面臨的以下兩大難題。

(1) 工作效率低下。員工之間的交流不夠，合作不暢，信任度低，導致工作效率低下。而且因為長期的單打獨鬥，員工處於緊張和壓力之下，又會導致他們工作效率更加低下。

(2) 員工專注力下降。如果長期在一種節奏下工作，專注力必然會下降。所以，工作一段時間就互相放鬆交流一下，讓大腦得到緩解後再工作，就會更有效率。

對話模式培訓可以從根本上緩解上述兩個問題。在工作了一個時期後（如兩週、一個月），團隊可以進行一次對話模式培訓，如座談、遊戲、分享、身份互換等，讓員工敞開心扉將面臨的問題說出來，然後大家集思廣益進行解決。這個過程，既能拉近員工之間的距離，又能解決工作中的難題，提高工作效率。

因此，對話模式培訓是一種讓人興奮的培訓方式，可以激起受訓者參加的興趣，取得更好的培訓效果。總而言之，對話模式培訓可以分為以下四個階段。

第 1 階段：將受訓者所面臨的問題進行全面分析，總結出受訓者應該接受怎樣的培訓，培訓所要達到的目標是什麼。比如，A 團隊的協作能力較差，就分析該團隊的協作能力差在哪裡，應如何改善。

第 2 階段：根據需求設計培訓形式，有必要時可以生成專案報告。比如，為 A 團隊設計的培訓方式是模擬訓練——假設發生了嚴重的問題。

第 3 階段：將所設計的培訓內容具體展開。比如，將 A 團隊隨機分成兩隊，看哪個隊率先解決問題。

第 4 階段：培訓完畢後，要跟進考察關鍵性的要點是否得到解決。比如，A 團隊隨機分成的兩隊都處理完問題後，針對處理的過程，兩隊各自講出自己的感受。這個階段還可細分為以下三個步驟。

(1) 交流。讓受訓者互相交流，使其逐漸找出其中的經驗。

(2) 整合。培訓師可以進行關鍵性總結，來幫助受訓者進一步認清得出的結論。

(3) 應用。必須將結論應用到未來的工作中，這是對話模式培訓的最終目的。

工作中處處都可以轉化為培訓場所，企業所面臨的難題也都可以轉化為培訓的素材。因此，對話模式培訓可以在解決具體問題的過程中隨時進行，讓訓練更有針對性和時效性。也正是因為潛移默化和隨時隨地的培訓特點，使得對話模式培訓越來越受到企業的重視，其更能貼近受訓者的內心，對解決實際工作問題也有更大的啟發性。

「道」大於「術」，培訓的內容要結合培訓的方法

只有明確了企業培訓的目的、範疇、對象和內容，才能從主線上確定

培訓規劃所涉及的多種資源投入的規模和限度。

　　培訓對象和內容，即培訓誰，培訓什麼，進行何種類型的培訓，這些一般在培訓需求分析中通過對工作任務的系列調查和綜合分析來擬定。

　　培訓的規模受諸多因素的影響，如人數、場合、培訓的性質、工具及費用等。在一般情況下，技術要求較高的專業培訓規模都不是很大。

　　培訓的時間受培訓的範疇、對象、內容、方式和費用以及其他與培訓有關的因素影響。較為複雜的培訓內容一般要集中培訓，以提高崗位技能為特點的培訓一般安排在週休日或分階段組織學習。

　　培訓的內容受企業所在行業的限制和企業自身發展的限制，各企業的培訓內容和流程都是不同的。在此，不對具體的培訓內容進行解釋，各企業根據自身實際情況確定培訓內容。但培訓的內容可以和培訓的方法相結合，即什麼樣的培訓內容採用什麼樣的培訓方法，或者什麼樣的培訓方法適合什麼樣的培訓內容。

　　本節就來講述培訓內容與培訓方法相結合的問題，下面舉出了幾種常見的培訓方法，並對每種方法的培訓要求和培訓優、缺點進行總結。

　　1. 講授法

　　培訓師透過語言表達，系統地向受訓者傳授知識和技能，要求受訓者記住並掌握重要的知識點與技能要領。

　　要求培訓師具有豐富的知識和經驗，講授必須語言清晰、生動準確、條理清楚、重點突出。在必要時必須配備多媒體設備，以加強培訓效果。

　　優點是培訓課程設計簡單、方便，可同時對多人進行培訓，經濟高效；

既有利於培訓師控制培訓進度，也有利於受訓者加深對難度大的內容的理解。

缺點是學習效果易受培訓師講授水準的影響，且因為是單向資訊傳遞，培訓師與受訓者之間缺少必要的交流與回饋，不利於培訓師掌握受訓者的學習情況。

2. 工作輪換法

受訓者在預定時期內變換工作崗位，使其獲得不同崗位的工作經驗。該方法主要用於新進員工的崗位培訓。

要求在為員工安排工作輪換時，務必考慮受訓者的需要、興趣和職業偏愛，進而選擇與其更為相配的崗位。崗位輪換時間的長短取決於受訓者的學習能力和學習效果。

優點是能豐富受訓者的工作經歷，增進受訓者對各部門工作的了解；方便識別受訓者的強項與劣勢，了解受訓者的專長和愛好，從而更好地開發受訓者的綜合能力，並對被培訓對象以後完成跨部門、合作性的任務打下基礎。

缺點是被培訓對象在每個輪換崗位上停留時間太短，所學知識不精，所錘煉出的「通才」更適合於一般直線管理人員，不適用於職能管理人員。

3. 工作指導法

由一位經驗豐富的技術教練直接在工作崗位上對受訓者進行培訓。這位技術教練的任務是教給受訓者如何做，並提出如何做好的建議。

要求在培訓前準備好所有的用具，讓每個受訓者都能看清示範物；

技術教練一邊示範一邊講解操作要領。示範完畢，讓每個受訓者反覆模仿實習，並對每個受訓者給予立即回饋。

　　優點是能在培訓師與受訓者之間建立良好的關係，有助於工作的開展。一旦師傅（教練）調動、提升、退休、辭職時，被培訓的員工能迅速頂上。

　　缺點是不容易挑選到合格的「技術教練」，有些教練擔心「帶會徒弟，餓死師傅」而不願意傾盡全力。

　　4. 視聽技術法

　　利用現代視聽技術（如投影儀、錄影、電視、電影、電腦等）工具，對員工進行崗位技能培訓。

　　要求在播放前要清楚說明培訓的目的，並依據講課的主題選擇合適的視聽教材，邊看邊討論，增強理解。討論結束後，培訓師必須做重點總結或將如何應用在工作上的具體方法告訴受訓者。

　　優點是運用視覺和聽覺的感知方式，直觀鮮明，教材生動形象，給受訓者以真實感，比較容易引起受訓者的興趣。且視聽教材可以反覆使用，能更好地適應受訓者的個體差異和不同水準的要求。

　　缺點是視聽設備和教材成本較高，且會隨著內容過時而被淘汰，需要重新製作，一般可作為培訓的輔助手段。

　　5. 案例研究法

　　為參加培訓的受訓者提供如何處理棘手問題的書面案例描述，讓受訓者分析和評價案例，提出解決問題的建議和方案。

要求向受訓者提供的案例必須真實，不能隨意捏造，且案例要和培訓內容相一致，受訓者組成小組完成對案例的分析，提出解決問題的方法。討論結束後，由培訓師對受訓者提出的問題進行分析，直至達成共識。

　　其優點在於受訓者的參與度高，從被動接受轉變為主動參與，將受訓者解決問題的能力整合進知識傳遞過程中，使得培訓方法既生動具體又直觀易學。

　　缺點是案例的準備需時較長，且對培訓師和受訓者的要求比較高，案例的來源往往不能滿足培訓的需要。

第十章
直播帶貨口才變現：利用短視頻
直播，實現帶貨變現

直播算溝通嗎？當然算！不僅是溝通，還是即時溝通，對直播主全方位的要求更高。比如，直播主對直播內容熟悉的程度（產品性能和功能）、直播主對直播節奏的把控能力（進度快了或慢了）、直播主對現場突發狀況的處理能力（自己說錯了話、粉絲狂言）……因為隔著螢幕，以上種種問題都需要直播主透過口才能力去解決。

直播帶貨過程，就是一個說服他人的行銷演講過程

從 2020 年初開始，直播帶貨迎來了大爆發，到如今已經成為各個品牌的標配，商家、個人都躍躍欲試，想要入場分一杯羹。

但是，很多商家拚了命地直播，就是不出單，帶貨轉化低。而有的商家卻是深諳直播帶貨之道，賺得盆滿缽滿。其中的差距在哪裡呢？核心就是沒有搞懂直播帶貨的本質是什麼。有人將直播帶貨看作一種賣貨的方式，從結果看來，對於直播帶貨確實可以這樣理解。但從過程上看，直播

帶貨絕不是簡單的銷售商品，而是一場透過直播、運用語言說服他人的行銷演講。

因為直播不是面對面的說服，因此傳統的看準對象和時機的說服方式就用不上了。畢竟直播主和觀眾隔著螢幕，直播主是無法看到觀眾的，就更談不上看準觀眾和掌握時機了。

由於直播的時間有限，傳統的多商量、多溝通的說服方式並不太適用。直播主需要在有限的時間內說服觀眾，留給直播主進行商量和溝通的時間並不多。

再者，直播主與觀眾的互動並非面對面直接溝通，直播主不可能深入了解每一位觀眾的性格。因此，那些迂迴的說服技巧也無法發揮作用。直播主能做的，就是在短時間內打動觀眾。

綜上所述，直播主在直播間裡說服觀眾的方式只剩下「盡量讓觀眾說『好』」和「將心比心，營造真實畫面感」這兩種了。

稍微觀察一下李佳琦的直播，就會發現他的口才對於銷售發揮了很大的作用。雖然其他網紅在推銷口紅時多半是直接介紹產品特性，例如這款口紅塗上去讓人看起來年輕漂亮，那款口紅塗上則顯得雍容華貴……但李佳琦卻能透過與觀眾的簡短互動，創造不同的人物角色、場景和故事情節。這些生動的畫面讓觀眾感受到一種強烈的親近感，使得觀眾在第一時間內對他推薦的口紅產品表示讚賞

比如，有時候李佳琦會說：「× 款口紅是王菲色 / 舒淇色 / 鐘楚紅色。」人格化的描述透過身份認同，讓觀眾腦補出一個完整形象。有時李佳琦會告訴觀眾：「這支口紅適合年會慶典」「那支口紅適合看演唱會」

「這一排的顏色有助於治療失戀」「那一排的顏色春夏通吃，而且素顏的時候也可以用」。至於李佳琦的經典口頭禪之一「Oh my God」也是有感而發、從不作假的。於是，李佳琦的直播總是能在關鍵時刻戳中觀眾的興奮點，理性防線被感性狀態突破，感性消費順利達成！

所以有人總結說：比起「男生賣口紅」的噱頭，「會說話」更是一種稀缺資源。正是這種資源，讓一些成功的直播主掌握了說服觀眾的技能，從千軍萬馬的直播主大軍中脫穎而出。

直播帶貨不是簡單的賣東西，而是一場場的高端局演繹，說服觀眾對直播主產生信任感，並由此說服觀眾對直播主所帶的產品也產生信任感，觀眾就會為自己的信任感買單。因此，直播帶貨的口才變現能力就體現在能否說服觀眾對自己產生信任感。

短視頻直播帶貨時代，不會演說就很難成功

羅永浩的直播首秀吸引了 4800 萬人觀看，1.1 億元的銷售額，可謂戰績斐然。除了流量上的優勢之外，「羅氏風格」的直播帶貨也讓粉絲們覺得很有意思。那是讓人覺得有一種質樸的溝通方式，讓看直播的人覺得，不買一點都對不起他。

羅永浩的直播風格比較輕鬆，也很鮮明，他經常會在直播間裡講出各種個人觀點。對於直播帶貨領域而言，每一名優秀的直播主都有自己的直播風格。有的嚴肅，有的幽默，有的家長式，有的朋友式，有的娓娓道來

式，有的口若懸河式⋯⋯無論是哪種直播風格，都會帶來不一樣的直播效果，也都有自己的受眾粉絲。

多數直播帶貨，直播主都很有激情，叫賣式的直播帶貨風格，能夠讓直播間的觀眾極度興奮。很顯然，快節奏的帶貨風格比較挑人，適合性格外向的人。而叫賣式的銷售，對於想做品牌的企業而言，並不利於品牌形象建設。因為這種方式很容易讓人聯想到類似路邊攤那樣的門店，一個大音響放在門口，天天放著廣告：工廠倒閉，本店所有商品清倉大拍賣了⋯⋯

如果在千軍萬馬的「快節奏」大軍中出現了「慢悠悠」的帶貨風格，那麼它無疑適合更多的人。對於想打造品牌的企業而言，慢風格可以給品牌更多的曝光時間，不僅能讓直播主詳細介紹品牌參數，還能讓觀眾詳細了解品牌賣點，在賣貨的同時向觀眾傳遞品牌價值。

下面是一篇直播帶貨的演講稿，你可以試著用快節奏和慢節奏分別演說一次，品一品兩者的區別。

「咚咚咚（手指敲擊螢幕），大家注意啦！現在開始廣播啦！

不想喝水，不想喝白開水，怎麼辦？都說人無水不能活，但我今天要說『水無茶不香』。作為一枚土生土長的壽寧小茶，今天我就給大家安排一下，來自我家鄉的好物——下黨雲霧高山茶（拿出一盒茶）！

葉葉清茶，入口後即感受到絲絲清甜，咽下後喉嚨還能感受到縷縷回甘，沒錯，這正是下黨雲霧高山茶獨有的風味。

下黨紅茶富含鋅硒，可以解暑利尿防輻射，美容養顏效果佳，尤其適合整天坐辦公室的朋友。

山的這邊是茶，山的那邊是海，我們下黨有著得天獨厚的地理條件，

這裡產的紅茶都是純天然、無汙染。你看這茶葉的外形，油潤、結實，自帶花香，湯色金黃、透亮，葉底肥厚、紅亮。

好茶葉能代表什麼？一定有家人說是代表身份。這是一種觀點。但我認為，一個人所品之茶裡，就能看出一個人的文化、氣度、財力和地位。家人們如果認為我說的對，可以在螢幕上打出『1』。

小袋獨立包裝，30 包只要 99 元！除了自己品嘗，您也可以送給親朋好友，我們的包裝非常高端大氣上檔次。

下黨雲霧高山茶，讓您從此愛上喝茶！想要連結的家人們，戳這裡喲！」

快節奏的直播演講，能讓觀眾一時間熱血沸騰，在氣氛的烘托中可能就下單了。但慢節奏的直播演講，卻能讓觀眾真正進入與產品的共鳴裡，由心而生對於產品的好感，並最終促成下單。

有時候，為了豐富直播演講的風格，直播主可以帶一位助手參加直播，這位助手會在重要節點上與直播主對話，讓慢節奏的直播更熱鬧一些，讓快節奏的直播能緩和一些。

我們將直播看作一場演說，那麼直播就不能只圍繞產品，其中也要涉及自己的一些觀點，這個觀點要與產品相關聯，加深觀眾對產品的認知。

學習錄製短視頻，可以破解口才成長「瓶頸」

要想直播效果好，直播帶貨的話術少不了。學習錄製短視頻，從最開始的歡迎話術，到最後的結束話術，每一步都影響著直播效果，突破了每個環節，就可以破解口才成長的「瓶頸」。

1. 歡迎話術

通常在正式開播前，直播主需要進行 5 ～ 10 分鐘的暖場，用以進行自我介紹，和觀眾打招呼，簡單介紹今天的直播活動和福利預告能給觀眾帶來哪些好處，讓觀眾留下來。

該環節的話術不能太機械，可以根據以下三點示例做出改變。

(1) 解讀帳號名稱。歡迎 ×× 進入直播間，這名字有意思很好聽，是有什麼故事嗎？

(2) 尋找共同話題。歡迎 ×× 進來捧場，他 / 她的名字讓我想起了一首歌（說出歌名），不知道你們聽過沒有？

(3) 借機傳達直播內容。歡迎 ×× 進入直播間，今天要給大家介紹的是 ×× 的技巧，感興趣的家人們記得點個關注哦！

也可以將開場的歡迎話術打造成一個「超級符號」，加深觀眾的印象，比如某位直播主的每場直播開頭都是那句：「話不多說，我們先來抽獎。」

2. 宣傳話術

做行銷類活動離不開宣傳，直播帶貨也是如此。想讓更多觀眾熟悉並了解直播主，需要一些宣傳話術，它有兩個方面的技巧。

(1) 宣傳直播時間。非常感謝所有還停留在我直播間的家人們，我每天的直播時間是 ×× ～ ×× 點，風雨無阻。沒點關注的記得點關注，點了關注記得每天準時來看哦！

(2) 宣傳直播內容。家人們，我是 ××，今天來給大家分享幾個美妝小技巧，學會了你也可以是美妝達人，記得關注我，了解更多簡單易上手的美妝技巧。

3. 留人話術

想要不斷提升直播間的人數，重點在於留住用戶。這對直播主的節奏把控能力有很高的要求，可根據以下幾點進行。

(1) 福利引導。直播主需要每隔一段時間就提醒一次觀眾稍後有什麼福利，明確給出用戶的停留時間。

例如：直播間的家人們，12 點整的時刻，我們最先抽免單了，還沒點關注的家人們上方點個關注，加入我們的粉絲團……

(2) 即時互動。與評論區進行即時互動，提升觀眾的主動參與意願，及時回答問題，有利於促成下單。

例如：×× 家人，看到你的要求了，可以先關注直播主，稍候馬上為你試穿哦！

再如，問優惠券的那位小姐姐，×× 有優惠券 × 元，×× 點可以有秒殺。

(3) 選擇互動。向觀眾提出一些選項，讓觀眾通過點擊按鈕的方式回答，這樣直播主可以迅速獲得回饋，避免直播過程中出現冷場。

例如，想聽《××》的扣1，想聽《××》的扣2。

再如，換左手這一套衣服的扣1，換右手這一套衣服的扣2。

(4) 提問互動。提問一些與產品相關的問題，有利於幫助觀眾解決對於產品的困惑，促進轉化。

例如，這款口紅，家人們用過嗎？

再如，剛剛給大家分享的小技巧，家人們學會了嗎？

(5) 刷屏互動。此類互動發言成本低，觀眾的參與度高，能讓剛進直播間的觀眾感受到活躍的氣氛。

例如，看來大家似乎還沒玩得很盡興，是不是活動還不夠精采？好的，今天我們直播主要再送大家一波福利，有興趣的朋友就在聊天室打「666」來表達你們的熱情吧⋯⋯

4. 產品介紹話術

產品介紹的好壞將直接影響到轉化率。因此，直播主首先必須對所銷售的產品有詳細的了解，清楚產品的優勢和目標客群，再利用一些技巧進行針對性的行銷。

(1) 增強信任。在直播中列舉一些產品截圖，比如銷量截圖、網友好評、官方推薦等，增強產品的背書。直播主也可以強調「我」也在用，讓觀眾真切感受到產品真實好用。

例如，大家可以上網查查這個品牌，年銷量超過億元，這是實實在在的銷售業績。再舉個例子，我也給我爸媽買了這個產品，他們也覺得非常

好用。

(2) 專業講解。透過一些專業術語的講解，一方面襯托直播主的專業性，另一方面襯托產品的可靠性。

例如，這種全棉內衣適合秋天穿，前面是撞色圖案，領口幾何形絎縫線，版型中長，時尚百搭，可搭配緊身小黑褲，顯得年輕有活力。

(3) 產品試用。想將產品賣好，不能光說不做。直播主需要自己試用產品，比如試穿衣服、試抹化妝品等。依靠現場試用分享體驗，讓產品的品質更有說服力。

比如說，大家看我穿 L 碼的這件，尺寸剛好合身，材質既有彈性又透氣。另外，我會在直播畫面上公開我的身高和體重資訊……

5. 關注話術

關注是一件需要長期努力的事情，要不斷吸引新的用戶關注，可以將觀眾引導進直播主的私域裡，在私域中完成轉化。需要注意的是，引導關注最好配合福利進行，且頻率不宜太高。

接下來我們即將進行抽獎活動，還沒有關注的朋友們請趕快點擊關注，否則將無法參加抽獎哦。

再如，今天我們的連結都爆單了！想要優先發貨的朋友們可以加入直播主粉絲團，助理小哥幫我記一下，加入粉絲團的家人們優先安排發貨！

想直播帶貨變現賺快錢，就要有一口流利的口才

很多人都看到了直播帶貨的紅利，卻並不知道直播帶貨是需要口才做基礎的。一些人連最基礎的直播口才都沒有，就更別談如何做流量，做選品了。

例如董明珠，其直播首秀也同樣不順利。據統計，董明珠首次直播帶貨當晚，全網累計有 431 萬的觀看人數，但她帶貨的銷售額僅有 22.53 萬元。雖然在直播前，董明珠已經透過很多前期的試探性工作為首次直播鋪路，但首秀仍然「翻車」了。

董明珠首秀出師不利，根本原因就在於她在直播過程中的溝通方式不好。比如，陳述產品性能基本是照本宣科，展示產品功能時跟在企業向員工訓話那樣的走來走去，催單、促單、引導下單的環節也都做得不好。

後來的故事大家都知道了，「董小姐」的第二次和第三次直播都很成功！除了其他方面的配合，她直播時說的話、用的詞、表達的方式、預設的場景等都更加成熟了。

下面針對直播帶貨過程中的一些口才要求進行詳細講解。

1. 帶貨口才

帶貨口才的合理運用，可無形中拉近直播主與觀眾的距離，建立起信任感，引導和影響觀眾的購買決策，拉動產品銷售，實現帶貨變現。以下

是四種典型的帶貨口才。

(1) 展示型帶貨口才。展示產品的品質和使用感受，能讓觀眾最直觀地看到效果。可以通過口述產品的賣點、使用感受、精華成分和與其他管道對比的價格優勢等，讓觀眾感覺「用得上，應該買」。

(2) 信任型帶貨口才。因為直播過程中觀眾接觸不到產品，只能通過直播主的描述熟悉產品。因此，直播主要給觀眾營造出「自用款」的感覺，如「我也買了××」，為產品做擔保，打消觀眾對產品的顧慮。

(3) 專業型帶貨口才。直播主推薦產品時，應從專業角度出發，針對一個產品以及同類其他產品做出詳解，並指導觀眾根據自己的情況選擇產品。例如，服裝類帶貨直播，直播主可透過對某款服裝的面料技術、製作流程以及專業搭配的專業講解，吸引觀眾下單。

(4) 試用型帶貨口才。直播主透過現場試用產品，分享試用體驗與效果，驗證產品功能，激發使用者的使用需求和購買欲望。

2. 價格口才

低價格＋高品質，是讓消費者長期追隨的主要動力。因此，優惠活動是影響消費者直播購買產品的最直接因素，可用以下三點進行強調。

(1) 談價格優勢。展示打折力度，拿出計算器詳細計算。

(2) 談到產品與某明星同款，拿出準備好的大幅照片加以證明。

(3) 在直播間使用「低價」「買 × 送 ×」「優惠套餐」「直播間比免稅店還便宜」等一系列話術刺激觀眾下單。

3. 催單口才

催單顧名思義是要調動觀眾「搶」的心態。比如「搶購」「逾時不候」

「數量有限」，營造秒殺氣氛。此外，還要強調一些促銷政策，包括限時折扣、隨機免單、現金回饋、前 ×× 名下單送等價禮品等活動，將觀眾的熱情推向高潮，催促觀眾集中下單。

現在直播間有 7000 人，今天我們將送給前 700 名觀眾等值的禮物。現在開始倒數 5 秒，5（助理請配合，還剩 ×× 份）、4（助理請配合，還剩 ×× 份）、3（助理請配合，已經搶完了）……

4. 促單口才

到促單這個環節，觀眾已經有了很強的購買意願，就差臨門一腳。這時直播主需要不斷刺激觀眾的消費心理，可以從以下兩個方面入手。

(1) 重複強調產品的效果和價格優勢。

(2) 不斷提醒觀眾產品限時限量。

例如，先付款的先得到，最後 2 分鐘了！最後 2 分鐘！慢了就沒了！還有像是，大家動作都好快喔！才一下子就沒貨了，我試試看能不能再加一些貨量，還沒下單的觀眾注意，等一下我們再加貨 ×× 件！

5. 引導下單口才

當觀眾對產品已經沒有多大抵抗力的時候，有經驗的直播主會適時地做出一個動作，發揮「推一把」的作用，促使觀眾完成最後購買的一步。這個「推一把」的動作包含兩個作用：①引導觀眾下單；②排除觀眾下單過程中不熟悉操作的隱患。

例如，家人們，先領 60 元優惠券，下單時數量填 3，填 3 就是 9 件，

9 件的到手價是 99 元（與此同時，助理用手機或 iPad 展示這個流程，在哪裡領優惠券，下單的介面是怎樣的）。

6. 感謝口才

直播主在下播之前，可以用感謝類話術作為結尾，這不僅能延續觀眾的不捨之情，也可以預告下次直播的商品和活動時間，以吸引觀眾繼續鎖定直播間。

例如，感謝家人們來觀看我的直播，謝謝你們的禮物。為了感謝大家的陪伴，明晚 × 點接著給大家送更超值的商品，希望還能見到人美心善的你們，再次感謝！

再如，今天的直播快結束了，明天晚上從 ×× 點到 ×× 點，我們會在同一時間開播，大家記得點擊關注喔！各位幫忙廣傳一下！

直播主擁有好口才，就能在直播舞臺上盡情綻放自己

2022 年，董宇輝在網路上爆紅，幾乎是靠自己一個人幫新東方擺脫了困境。更準確地說，董宇輝靠的是他的口才！

是的，董宇輝知識豐富、博學多才，但像董宇輝這樣知識淵博的人有千千萬，為什麼唯有董宇輝爆紅呢？原因就在於，他還擁有絕佳的口才。

那麼，董宇輝的口才能力是如何體現在直播帶貨領域的呢？準確地說，董宇輝究竟是如何直播帶貨的？以至於他可以在直播舞臺上盡情綻放自己。下面我們就來看看董宇輝的賣貨過程。

董宇輝賣玉米，說：「有時候媽媽看你玩得太累了，把你喊回來，鍋裡煮出了自己家地裡摘的玉米，香氣撲鼻，你用筷子戳著拿在手上邊啃邊

跑。你跑的時候，背後的陽光溫暖，洋洋灑灑，落在地上，它在你面前投下了跟你一樣大小的影子，你邊跑邊追，嘴裡頭那一口玉米，淡淡的回甘味，撲鼻的香⋯⋯」

這賣的哪裡是玉米，分明是童年的記憶，是媽媽的背影，是家庭的溫馨，是自己的快樂。玉米在董宇輝的嘴下，已經完全超越了食物的本質，成了情感的寄託。請問，這樣的玉米，你會買嗎？買啊！誰能錯過這樣的玉米，哦！不，是這樣的情感！

董宇輝在賣稻米時說：「我沒有帶你去看過長白山皚皚的白雪；我沒有帶你去感受過十月田間的微風；我沒有帶你去看過沉甸甸、低垂腰桿，像智者一樣的稻穗；我沒有帶你去親眼見證這一切。但是親愛的，我可以讓你嚐到這樣的稻米。浪漫不只有星空和花海，還有人間的煙火。

這次賣的不僅僅是稻米，更像是一種被現實剝奪的浪漫生活。因此，雖然我們無法親身體驗那些浪漫，但有機會透過品嚐這款充滿浪漫情懷的稻米來彌補。能彌補多少呢？這要看個人感受，如果不親自試過，恐怕永遠無法得知答案。請問，你會錯過這樣的稻米嗎？當然不會，我已經錯過太多，這次讓我擁有它吧！

在董宇輝的直播中，他全程沒有一句吆喝，連產品都不介紹，往往是一段話說完，產品就賣光了。

這就是口才的作用，這就是口才的力量，這就是口才的魅力！

一定會有人說：哦，這樣的口才能力太強了，不是一般人能擁有的！說這樣話的人，一定忽視了一個事實，就是口才能力是可以透過訓練提升的。

無論是新手直播主還是老手直播主，起步的訓練就是背書，可以適當背一些故事類、小說類的書，積累說話素材。晉級的訓練是模仿，每天觀看其他口才好的直播主的直播，找到自己的形象定位，模仿對方的表達方式、講話技巧和肢體語言等。此外，還要注意掌握分寸，要正確評價產品的價值，說話要進退有度，不要重複說一句宣傳語，也不要一直強調推銷，給觀眾壓迫感。

　　那些擁有大量粉絲的直播主，也不是天生就會直播的，新興行業，誰能豁得出去，誰能堅持下去，誰就會收穫好的結果。

直播主的好口才並非天賦才能，都是靠刻苦訓練得來的

　　直播帶貨重點技能就是口才！好的口才不是一種天賦的才能，是可以靠刻苦訓練得來的。每個人的起步都是公平的，想要擁有什麼樣的技能，就必須去學習什麼技能。下面，就給大家分享幾個訓練好口才的小方法。

　　1. 速讀法

　　通過快速閱讀的方法，對口齒的伶俐程度進行長期不間斷的鍛鍊，做到語音準確，吐字清晰。

　　具體做法是，選擇一篇文章，初期的閱讀速度可以較慢，然後慢慢加快，一次比一次讀得快，最後達到自己所能達到的最快速度。讀的過程中不要有停頓，發音要準確，吐字要清晰，儘量把每個字音都完整地發出來。可以用答錄機把自己的速讀錄下來，然後反覆聽，從中找出不足之處，然

後進行針對性訓練。

2. 複述法

可以多看其他粉絲量多的帶貨直播主的視頻，從他們的直播中發現共通的優點，再去尋找自己有而他們沒有的個性化優勢。

具體做法是，把其他優秀直播主的關鍵性口才話術重複敘述，形成一種肌肉記憶。同時在重複的過程中結合自己的特點進行一些改進。這種訓練方法可以鍛鍊記憶力、反應力和語言的連貫性。

3. 模仿法

模仿其他具有優秀口才能力的人的說話方式，這雖然看起來是一種笨方法，但如果長期堅持下去，一定能收穫意外的驚喜。

具體做法是，在每天收聽或觀看直播購物、新聞節目、電視劇、電影時，隨時跟著主持人、直播主、演員進行模仿。注意他們的聲音、語氣、語調、表情和動作，邊聽邊模仿，邊看邊模仿。經過長期的練習，口才能力一定能得到提升。

同時，長期的模仿有助於增加詞彙量和增長知識。要求選擇適合自己的對象進行模仿，並且要儘量模仿得像，並在模仿中學會創新，添加屬於自己的個性特色。

4. 描述法

無論是演講、溝通、論辯，都需要有較強的語言組織能力，用於將所見所聞的事物準確無誤地表達出來。

具體做法是，把看到的景、事、物、人，用說話的形式表達出來。最開始的表達可能非常蒼白，但長期的訓練之後，就會逐漸學會用恰當的語

言描述事物。待到需要發揮口才能力時，便會發現自己已經具有了很自然地將人、事、物、景描述出來的能力。

5. 角色扮演法

角色扮演法就是像演員那樣去扮演影視劇中的角色。當然，在直播中強調的扮演，主要是針對語言表達。這種訓練方式雖然有一定的難度，但可以培養人的語言適應能力。

具體做法是，在家裡準備一面大鏡子，每天對著鏡子不斷練習。多練習、多說話，自然能將這些技巧從表面的練習轉化為內化的技能。

這種訓練方式要求演技成分很高，不僅需要聲音洪亮、富有感情，停頓適宜，還要能形象地表現出角色的性格，並配合適當的動作和表情。

從上述的五種訓練方式可以看出，要做好直播帶貨並不容易，但只要選對努力的方向，又肯付出時間和精力，必有所收穫。做直播主最重要的是貴在堅持，積累粉絲和贏得粉絲青睞，都需要長時間地持續輸出高品質的內容來實現。

後記

　　人類生存發展到現在，口才能力已經成為決定一個人生活品質及事業成敗的重要因素之一。一個人的每天禍福喜悲，往往由他的言語來決定。因為口才不佳導致事業不順利的例子比比皆是，因為我們在與人交流時所說的話，很容易被他人用來評估我們的價值。

　　一個缺乏出色口才的人，踏入社會就好比行走在荊棘之路，很難在事業、愛情及社交上取得滿意成果。沒有口才的人，在社會中就像一台無法發聲的錄音機，雖然運作，但無法引起人們的興趣。相反地，具備優秀口才的人能夠流暢、完整地表達自己的思想和意圖，並能清晰、完整地闡述道理。只需稍加觀察，就不難發現那些口才好的人，他們的講話總是富有智慧且注重藝術性。

　　有這麼一句話：「發生在成功人士身上的奇蹟，至少有一半是由口才創造的。」早在第二次世界大戰期間，美國人就將「口才、金錢和原子彈」視為生存與競爭的三大法寶。後來，隨著科學技術的快速發展，他們將「口才、金錢和電腦」定為新的三大法寶，「電腦」取代了「原子彈」，而「口才」依然居於「三寶」之首。這表明在各個時代，不論技術如何進步，良好的溝通能力始終是成功的重要因素。

　　其次，口才並非天生的才能，而是可以透過勤奮訓練來培養的。從古至今，無論是國內外的歷史上，所有口若懸河、能言善辯的演講家和辯士，都是靠著不懈的訓練和實踐來精進他們的口才，並因此獲得成功的。因此，閱讀此書的每一個人，如果想要培養出卓越的口才，想要透過口才提高自己的實際表現能力，就必須勤於練習。

　　要達到成功的高峰，需要一步一個腳印地穩健前行。而口才則是幫助人們飛翔的翅膀，它可以讓人更快地達到目標。

《口才變現：讓每一次開口都是賺錢的機會！》

作　　者／秦梽尊
主　　編／蔡月薰
企　　劃／蔡雨庭
封面設計／林采薇
內頁設計／郭子伶

總編輯／梁芳春
董事長／趙政岷
出版者／時報文化出版企業股份有限公司
108019 台北市和平西路三段 240 號 7 樓
發行專線／（02）2306-6842
讀者服務專線／0800-231-705、（02）2304-7103
讀者服務傳真／（02）2304-6858
郵撥／1934-4724 時報文化出版公司
信箱／10899 臺北華江橋郵局第 99 信箱
時報悅讀網／www.readingtimes.com.tw
電子郵件信箱／books@readingtimes.com.tw
法律顧問／理律法律事務所 陳長文律師、李念祖律師
印　刷／勁達印刷有限公司
初版一刷／2024 年 6 月 21 日
定　　價／新台幣 400 元

時報文化出版公司成立於一九七五年，並於一九九九年股票上櫃公開發行，
於二〇〇八年脫離中時集團非屬旺中，以「尊重智慧與創意的文化事業」為信念。

口才變現：讓每一次開口都是賺錢的機會！/ 秦梽尊作 . --
初版 . -- 臺北市：時報文化出版企業股份有限公司, 2024.06
　　面；　公分
ISBN 978-626-396-336-8(平裝)

1.CST: 口才 2.CST: 談判 3.CST: 溝通技巧 4.CST: 說話藝術

192.32　　　　　　　　　　　　　　　　113007205